Einmachen

Die besten Vorräte rund ums Jahr
Süßes und Pikantes einfach selbst gemacht

Fotos: Michael Brauner

Inhaltsverzeichnis

Einfache Rezepte für ganzjährigen Frucht-
genuss und viel Abwechslung: mal mit
beliebten Beeren, mal mit Früchten des
Sommers, mal mit den Herbstklassikern
Apfel, Birne und Traube, mal mit Exoten
wie Ananas, Kiwi und Mango – für Konfitüren und Gelees, für Kompotte, Sirups
und Liköre. Da werden die Früchtchen
im Glas verrückt!

Immer gut fürs Büfett oder als Mitbringsel
und immer wieder anders: eingelegtes
Gemüse – mal als bodenständiger Klassiker,
mal als mediterrane Spezialität oder
asiatischer Ausreißer. Die bunte Rezept-
palette reicht von saftigen Pizza-Tomaten
bis zu deftigem Sauerkraut, von scharfen
Zucchini in Öl bis zu süß-sauren Möhren.

Alles, um sich selbst und andere Feinschmecker zu verwöhnen: Eingelegter Mozzarella, Lachsrillettes, Entenconfit und andere Rezepte mit Eiern, Käse, Fisch und auch Fleisch lassen Genießerherzen höher schlagen und Sorgen um Gastgeschenke schwinden.

Senf, Ketchup und Pesto, Mango-Chutney, Kräuteressig und Chiliöl kann man einfach kaufen. Ebenso einfach aber selber machen, und dann vor allem ganz nach individuellen Geschmacksvorlieben. Für das gewisse Extra in der Pasta, auf dem Sandwich, zum Braten, am Salat und und und ...

1. Die Gläser

Wenn im Glas eingekocht wird (z. B. Kompott), braucht man spezielle Gläser mit Glasdeckel, Gummiring und Bügelverschluss. Für Konfitüren, Gelees und damit alles, was kochend heiß abgefüllt wird, tun es dagegen ganz »normale« Gläser mit intaktem Schraubverschluss. Darum ausgediente Konfitüren- oder Essiggurkengläser nicht im Glascontainer versenken, sondern aufbewahren. Für in Essig Eingelegtes sollten Sie unbedingt beachten, dass das Gefäß säurefest, also z. B. aus Glas oder Porzellan sein muss.

2. Gläser vorbereiten

Wenn Eingemachtes kochend heiß in die Gläser kommt, reicht es, diese vor dem Füllen gründlich zu spülen. In allen anderen Fällen sollten die Gläser zusätzlich sterilisiert werden: Dazu die Gläser nach dem Spülen in einen großen Topf legen, mit heißem Wasser bedecken und dieses zum Kochen bringen. Die Gläser im kochenden Wasser ca. 5 Min. erhitzen. Den Herd abschalten und die Gläser bis zum Gebrauch im heißen Wasser liegen lassen. Vor dem Füllen dann umgedreht auf einem sauberen Küchentuch abtropfen lassen.

3. Gläser füllen

Obwohl die meisten Gläser hitzebeständig sind, sollte man sie zum Füllen auf ein feuchtes Tuch stellen – für den Fall, es platzt doch einmal eines. Wenn beim Füllen etwas an den Glasrand kommt, dies sofort gründlich mit einem feuchten Tuch abwischen, denn solche Reste bieten Keimen eine Angriffsfläche. Wer gerne und viel einmacht, sollte sich einen Einfülltrichter zulegen: Er garantiert sauberes Einfüllen und hat eine sehr weite Öffnung, durch die auch größere Obst- und Gemüsestücke problemlos ins Glas gleiten.

4. Die Zutaten

Generell gilt: Die Einmachzutaten müssen absolut frisch sein. Obst und Gemüse sollen reif, aber keinesfalls überreif oder gar welk sein. Faule Stellen sind ebenfalls tabu. Wie bei den Gläsern spielt auch hier die Sauberkeit eine große Rolle: Obst und Gemüse daher immer gut waschen, empfindliche Kandidaten wie Himbeeren gründlich verlesen. Während Käse, Eier, Fleisch und Fisch ganzjährig eingemacht werden können, Obst und Gemüse nach Saison verarbeiten – dann schmecken sie am besten und sind preiswert.

5. Einkochen

Wem ein Einmachtopf zu kostspielig ist, kocht im **Backofen** ein: Ein tiefes Blech (Fettpfanne) mit einem sauberen Tuch auslegen, die Gläser hineinstellen. 2 cm hoch Wasser einfüllen, Blech in den Ofen schieben, Temperatur auf 125° schalten. Auch ein **Kochtopf** eignet sich: Sauberes Tuch auf den Topfboden legen, Gläser darauf stellen. Bis knapp unter die Gläserdeckel Wasser einfüllen, langsam aufkochen, zugedeckt leise sieden lassen. Die Einmachzeit beginnt, wenn das Wasser im Topf siedet oder der Ofen die eingestellte Temperatur erreicht hat.

6. Der Gärtopf

Wer Sauerkraut selber machen, also Weißkohl (oder anderes Gemüse) milchsauer vergären möchte, braucht dazu einen Gärtopf aus glasiertem Steinzeug. Ideal ist einer mit 10 l Fassungsvermögen. Gärtöpfe gibt es im Haushaltswarengeschäft zu kaufen, preiswerter bekommt man sie auf dem Flohmarkt. Zum Topf gehören neben einem Deckel auch zwei Beschwersteine, die auf das Gemüse gelegt werden. Damit sie ausreichend Platz haben, darf der Topf immer nur zu ca. drei Vierteln gefüllt werden.

1

2

3

4

5

6

1. Zucker

… macht fruchtig Süßes von Konfitüre bis Gelee haltbar. Zu deren Herstellung kann man durchaus ganz normalen Zucker verwenden. Der Nachteil: Die Früchte müssen länger als mit anderen Einmachhilfen kochen, worunter zum einen der Fruchtgeschmack und zum anderen der Vitamingehalt leidet.

2. Gelierzucker

… ist mit Geliermittel angereichert und verkürzt dadurch die Garzeit. Dies wiederum hat zur Folge, dass Konfitüren, Marmeladen und Gelees nach mehr Frucht schmecken als mit normalem Zucker. Gelierzucker gibt es in den Verhältnissen 1:1, 2:1 und sogar 3:1. Im letzteren Fall also kommt 1 Teil Gelierzucker auf 3 Teile Frucht.

3. Gelierpulver

… werden auf der Basis von Pektinen, Fruchtsäuren und Traubenzucker hergestellt. Das gewünschte Süßungsmittel (Zucker, Fruchtzucker, Sorbit) muss man extra dazugeben. Wie Gelierzucker (siehe 2.) gibt es die Gelierpulver in den Verhältnissen 1:1, 2:1 und 3:1. Auch hier verschiebt sich das Verhältnis zu Gunsten der Früchte.

4. Apfelpektin

… wird aus unreifen Äpfeln gewonnen und ist für alle ein geeignetes Geliermittel (griechisch *pektos* = erstarrt), die beim Einkochen mit weniger Zucker operieren wollen. Man bekommt es flüssig oder als Pulver im Reformhaus. Über die fürs Einkochen benötigten Mengen informieren die Packungsangaben.

5. Pflanzliche Bindemittel

… wie Johannisbrotkernmehl und Agar-Agar (ein Bindemittel aus Algen) lassen Konfitüren ebenfalls eindicken. Was die Dosierung angeht, immer genau die Packungsanweisung beachten. Gut zu wissen: Beim Einkochen mit Agar-Agar entfällt die Gelierprobe, denn die Konfitüre wird erst in kaltem Zustand fest.

6. Essig

… macht Bakterien durch seine Säure den Garaus. Für alles, was hinterher sauer-pikant schmecken soll, eignen sich reine bzw. nicht aromatisierte Essigsorten wie z. B. Weißweinessig am besten. Neben der Reinheit spielt auch der Säuregehalt eine Rolle. Dieser sollte die 7 %-Marke nicht übersteigen.

7. Olivenöl

… eignet sich zum Konservieren deshalb so gut, weil es unter anderem reichlich Vitamin E und damit einen natürlichen Oxidationsschutz enthält. Außerdem verleiht es den eingelegten Zutaten ein wunderbares Aroma – sofern die Qualität stimmt: »Natives Olivenöl extra«, also kalt gepresstes Öl aus frisch geernteten Oliven muss es sein.

8. Salz

… ist ein uraltes Konservierungsmittel. Es entzieht den Lebensmitteln überschüssige Flüssigkeit und damit unerwünschten bakteriellen Bewohnern den Nährboden. Für Eingelegtes am besten gereinigtes Meersalz verwenden: Es enthält keine chemischen Zusätze wie z. B. Rieselhilfe, dafür aber mehr Mineralstoffe als Speisesalz.

9. Weißwein

… ergibt in Kombination mit Essig (siehe 6.) einen feinen Sud, in dem die verschiedensten Gemüse gut und vor allem lange aufgehoben sind, denn nicht nur die Essigsäure, sondern auch der Alkohol wirkt konservierend. Damit der Geschmack nicht zu kurz kommt, einen trockenen Landwein von guter Qualität nehmen.

1

Zucker

2

3

4

5

6

7

7

8

9

Tipps & Tricks rund ums Einmachen

1. Der Pektingehalt

Pektin, ein natürliches Geliermittel, ist in fast allen Früchten enthalten – allerdings in unterschiedlichen Mengen. Als Faustregel gilt: Saure Früchte haben mehr Pektin als süße. Pektinreich sind z. B. Äpfel, Zitrusfrüchte, Johannisbeeren. Ananas, Bananen und Melonen haben dagegen wenig Pektin und brauchen darum länger zum Gelieren und mehr Zucker.

2. Der Topf

Ein ausreichend großer Topf ist fürs Einkochen von Konfitüren und Gelees unerlässlich. Er sollte so groß sein, dass er mit dem Frucht-Zucker-Gemisch nur ca. bis zur Hälfte gefüllt ist. Denn das gute Gelingen fruchtigfeiner Brotaufstriche ist maßgeblich auch davon abhängig, dass Konfitüren und Gelees sprudelnd kochen können.

3. Gelierprobe

Damit stellen Sie fest, ob Konfitüren und Gelees lange genug gekocht haben. Dafür 1 TL Konfitüre oder Gelee auf einen kalten Teller geben. Wird die Masse fest, ist sie fertig. Geliert sie nicht, Fruchtmasse kurz weiterkochen lassen, mit Gelierzucker hergestellte Konfitüren allerdings nicht länger als insgesamt 8 Min. Danach bauen sich Pektine ab.

4. Zitronensaft

Vor Beginn der Kochzeit einige Spritzer Zitronensaft in die Fruchtmasse geben – das intensiviert zum einen das frische Aroma und unterstützt zum anderen das Gelieren von Konfitüren und Gelees. Vor der Zugabe die Früchte aber unbedingt probieren: Saure Früchte wie etwa Johannisbeeren brauchen kaum bzw. gar keinen Zitronensaft.

5. Dichte Deckel

Dicht schließende Schraubdeckel garantieren die Haltbarkeit von Eingemachtem. So prüft man sie: Das Glas mit sehr heißem Wasser füllen, sofort fest verschließen und umdrehen. Läuft kein Wasser aus, schließt der Deckel perfekt. Um die Dichtung nicht zu beschädigen, die Deckel nur von Hand mit einem weichen Schwamm spülen.

6. Kleine Gläser

Damit Eingemachtes nach dem Anbrechen nicht so lange im Kühlschrank steht und zu schimmeln beginnt, lieber kleine als große Gläser befüllen. Außerdem lieber ein Glas zu viel als zu wenig vorbereiten (Seite 4), damit es später beim Abfüllen keine unliebsamen Überraschungen hinsichtlich zu großer Mengen gibt.

7. Etikettieren

Während Konfitüren und Gelees in der Regel 6–12 Monate haltbar sind, variiert die Haltbarkeit von pikant Eingemachtem stark. Damit man nicht den Überblick verliert, die Gefäße immer mit Etiketten bekleben, auf denen Inhalt und Herstellungsdatum notiert sind. Die Vorräte außerdem regelmäßig kontrollieren.

8. Die Lagerung

Es braucht nicht unbedingt einen kühlen Keller, um Eingemachtes sachgerecht zu lagern. Hierfür eignen sich alle Orte, an denen es dunkel und nicht zu warm ist. Gute Bedingungen herrschen z. B. im Schlafzimmerschrank oder in der Abstellkammer. Auf Grund der Temperaturschwankungen ungeeignet ist die Küche.

9. Verdorben?

Hat sich auf Konfitüre, die mit viel Zucker oder mit Gelierzucker und Konservierungsmitteln gemacht wurde, Schimmel gebildet, diesen großzügig entfernen. Rest rasch verbrauchen. Verschimmelte Konfitüre mit wenig Zucker wegwerfen! Bei Pikantem gilt: Gläser mit trübem Inhalt oder aufgewölbtem Deckel entsorgen!

1

2

3

4

5

6

7

8

9

Die Top 9 der Einmach-Gewürze

1. Sternanis

... ist die Frucht eines immergrünen Baums aus Südwestchina. Obwohl nicht miteinander verwandt, haben Anis und Sternanis ein sehr ähnliches, süßlich-würziges Aroma, das an Lakritze erinnert. Beim Einmachen verwendet man es zum Würzen von Pflaumenmus und Kompott. Pikanten Vorräten verleiht es einen asiatischen Touch.

2. Gewürznelken

... haben nichts mit Nelken zu tun. Ihr Name leitet sich vom mittelhochdeutschen Wort für Nägelchen ab, an die die ganzen Knospen erinnern. Kühl und luftdicht aufbewahrt, sind Gewürznelken lange haltbar. Ihr würzig-scharfer Geschmack passt besonders gut zu Äpfeln. Auch in Garflüssigkeiten für Fleisch, Fisch und Geflügel kommen sie oft zum Einsatz.

3. Zimt

... wird als ganze Rinde und gemahlen angeboten. Süßlichwürzig und leicht brennend im Geschmack, passt Zimt zu Früchten wie Äpfeln, Birnen, Trauben, Pfirsichen und Nektarinen. Fleisch, Fisch und Geflügel verleiht er einen Hauch von Orient. Und nicht zu vergessen bildet er zusammen mit Sternanis und Gewürznelken das Gewürztrio für Glühwein.

4. Vanille

... ist die Kapselfrucht einer in Mexiko beheimateten Orchidee. In der Küche werden die schwarzen »Schoten« (spanisch *vainilla*: kleine Schote) fast ausschließlich für Süßes verwendet. Für selbst gemachten Vanillezucker 1 Vanilleschote für mehrere Wochen in eine Dose Kristallzucker stecken und täglich bewegen.

5. Ingwer

... gibt es frisch und getrocknet als Wurzel, in Pulverform und eingelegt zu kaufen. Schneidet man die frische Wurzel auf, entwickelt sich ein würziger, zitronenartiger Duft. Ingwer passt zu Exoten wie Bananen und Mangos, aber auch zu Zwetschgen, Pflaumen und Kürbis. Damit ist er ein perfektes Herbst- und Wintergewürz, zumal er das Immunsystem stärkt.

6. Lorbeerblätter

... haben einen ganz typischen, etwas herben und erdigen Geschmack, der sich besonders gut entfaltet, wenn man die getrockneten Blätter leicht anbricht und dadurch die enthaltenen ätherischen Öle freisetzt. Lorbeerblätter aromatisieren viele eingelegte Sauergemüse von Mixed Pickles bis Senfgurken. Ungebrochene Blätter sind lange lagerfähig.

7. Piment

... hat konservierende Eigenschaften, die schon die Seefahrer im 17. Jahrhundert nutzten, um Fleisch und Fisch haltbar zu machen. Die braungrauen Körner nennt man auch Allgewürz, weil ihr Geschmack an Gewürznelken, Zimt und Muskat erinnert. Gemahlene Ware verliert schnell an Aroma, darum ganze Beeren kaufen und nach Bedarf mahlen.

8. Senfkörner

... braucht man zum Einlegen von Gurken und für Sauerkonserven wie z. B. Mixed Pickles. Während weiße und gelbe Senfkörner eher mild im Aroma sind, entwickeln schwarze Senfkörner eine brennende Schärfe. Englisches Senfpulver, wie man es für den Sud von Seite 57 braucht, ist übrigens eine fertige Mischung aus Senfmehl und Cayennepfeffer.

9. Fenchelsamen

... enthalten jede Menge ätherisches Öl, dem sie ihre Würzkraft verdanken. Diese kann man verstärken, indem man die Samen kurz vor der Verwendung im Mörser zerstößt. Fenchelsamen sind wichtiger Bestandteil des chinesischen Fünf-Gewürz-Pulvers und passen generell gut in asiatisch Inspiriertes wie die süßsauren Möhren von Seite 69.

Konfitüren & Gelees

Fruchtig oben, knusprig unten

Konfitüren, Marmeladen und Gelees solo genießen – das ist wohl nur etwas für passionierte Schleckermäuler. Alle anderen lassen sich fruchtig Eingemachtes lieber auf ofenfrischen Brötchen oder knusprig-lockerem Brot schmecken. Und wenn der Aufstrich schon hausgemacht ist, spricht alles dafür, sich auch an der Unterlage einmal selbst zu versuchen. Hier vier einfache Brot- und Brötchenrezepte für Frühstücksgourmets.

Quarkbrötchen

Für ca. 14 Stück 500 g Weizenmehl (Type 550) und 1 Päckchen Backpulver mischen und in eine Schüssel sieben. 1 TL Salz, 2 EL Zucker und 1 Päckchen Vanillezucker darüber streuen, 1 TL abgeriebene Zitronenschale, 250 g Magerquark, 1 Ei, 100 ml Milch und 100 ml Maiskeimöl dazugeben. Alles zu einem glatten Teig verarbeiten. Den Backofen auf 170° vorheizen. Zwei Backbleche mit Backpapier auslegen. Den Teig auf der leicht bemehlten Arbeitsfläche zu einer Rolle formen, diese in 14 gleich große Portionen teilen. Jede Portion zu einem Knoten oder zu einem Brötchen formen und auf die Bleche legen. Jeweils mit etwas Milch bestreichen und nacheinander im heißen Ofen (Mitte, Umluft 160°) 25–30 Min. backen.

Müslibrötchen

Für ca. 15 Stück 500 g Weizenmehl (Type 1050), 200 g ungesüßtes Müsli, 3 EL kernige Haferflocken, 2 Päckchen Trockenhefe, je 1 TL Zucker und Salz und 1 EL Sonnenblumenöl mit 3/8 l lauwarmem Wasser mischen und 10 Min. kneten. Bei Bedarf noch etwas Wasser dazugeben. Den Teig zugedeckt an einem warmen Ort 45 Min. gehen lassen. Den Backofen auf 200° vorheizen. Ein Backblech mit Backpapier auslegen. Den Teig nochmals durchkneten und 15 gleich große Brötchen daraus formen. Diese auf dem Backblech zugedeckt 15 Min. gehen lassen. Die Oberfläche der Brötchen kreuzweise einschneiden, mit etwas lauwarmem Wasser bestreichen, mit 2 EL kernigen Haferflocken bestreuen. Im heißen Ofen (Mitte, Umluft 180°) 25–30 Min. backen.

Kastenweißbrot

Für 1 Brot 1/2 l lauwarme Milch, 1 Würfel Hefe (42 g) und 1 TL Zucker verrühren. 1 kg Mehl in eine Schüssel sieben, 1 EL Salz darunter mischen. Hefemilch darüber gießen. Mit etwas Mehl bestreuen, 6 EL flüssige Butter einrühren. Den Teig 10 Min. kneten, zugedeckt an einem warmen Ort 30 Min. gehen lassen. Eine Kastenform von 25 cm Länge fetten. Teig nochmals durchkneten, in die Form geben. Zugedeckt an einem warmen Ort 30 Min. gehen lassen. Den Backofen auf 190° vorheizen. Die Teigoberfläche einmal längs einschneiden, mit etwas lauwarmem Wasser bestreichen. Im Ofen (Mitte, Umluft 170°) 60–70 Min. backen.

Haselnussbrot

Für 1 Brot 150 g Haselnusskerne ohne Fett rösten. 500 g Weizenmehl (Type 550) und 150 g Weizenvollkornschrot mischen. 200 g lauwarmen Kefir mit 1 Würfel Hefe (42 g) und 1 TL Honig verrühren, zugedeckt 10 Min. ruhen lassen. Den Hefekefir mit weiteren 200 g lauwarmem Kefir, 1 TL Salz, 2 EL Haselnussöl und dem Mehl grob mischen. Teig auf wenig Mehl 10 Min. kneten, dann zugedeckt 30 Min. gehen lassen. Backofen auf 210° vorheizen. Backblech mit Backpapier auslegen. Haselnüsse unter den Teig kneten. Aus dem Teig ein rundes Brot formen und auf dem Backblech zugedeckt 30 Min. gehen lassen. Teig sternförmig ca. 1/2 cm tief einschneiden. Mit 1 verquirlten Eiweiß bestreichen. Im Ofen (Mitte, Umluft 190°) 10 Min. backen. Die Hitze auf 190° (Umluft 170°) reduzieren, das Brot in 25–30 Min. fertig backen.

14

macht was her **Apfelgelee mit Cidre**

(im Bild rechts)

Zutaten für 6 Gläser (je ca. 1/8 l):
**4 kg süß-säuerliche Äpfel
   (z. B. Jonathan)
1/8 l Cidre
500 g Gelierzucker (2:1)
8 EL Calvados**

Zubereitungszeit: ca. 1 Std.
Ruhezeit: 12 Std.
Haltbarkeit: ca. 8 Monate
Pro Glas: ca. 605 kcal

1 Die Äpfel gründlich waschen, gut trockenreiben und einschließlich der Kerngehäuse vierteln. Die Früchte mit 1 l Wasser aufkochen und 10 Min. ziehen lassen. Alles zugedeckt abkühlen lassen.

2 Ein Sieb mit einem sauberen Tuch auslegen **(Step 1)** und dieses in einen genügend großen Topf stellen. Die gekochten Äpfel in das Sieb schütten **(Step 2)** und über Nacht ablaufen lassen.

3 Am nächsten Tag die Gläser vorbereiten (Seite 4). Die Apfelrückstände vorsichtig auspressen **(Step 3)**.

4 900 ml des so gewonnenen Apfelsafts mit dem Cidre und dem Gelierzucker mischen. Die Flüssigkeit unter Rühren bei starker Hitze zum Kochen bringen und unter Rühren 4 Min. kochen lassen. Die Gelierprobe machen (Seite 8).

5 Das Apfelgelee vom Herd nehmen und den Calvados unterrühren. Das Gelee in die vorbereiteten Gläser füllen. Die Gläser sofort verschließen. Kühl und dunkel aufbewahren.

Besonders clever!

*Die übrige Apfelmasse nicht wegwerfen, sondern zu **Apfelmus** verkochen: Die Masse durch ein Sieb streichen und mit Zitronensaft, Zucker und Vanillezucker abschmecken. Unter Rühren erhitzen und gut durchkochen lassen. Wenn die Masse zu dick wird, etwas Apfelsaft oder Cidre dazugeben. Noch heiß in Gläser füllen – fertig!*

schnell **Bananenkonfitüre mit Ingwer**

(im Bild links)

Zutaten für 8 Gläser (je ca. 200 ml):
**2 eingelegte walnussgroße
   Ingwerpflaumen (aus dem Glas)
ca. 1,6 kg Bananen (geputzt ca. 1 kg)
175 ml frisch gepresster Zitronensaft
8 EL weißer Rum | 350 g Zucker
1 Päckchen Gelfix (3:1)**

Zubereitungszeit: ca. 30 Min.
Haltbarkeit: ca. 3 Monate
Pro Glas: ca. 280 kcal

1 Die Gläser vorbereiten (Seite 4). Die Ingwerpflaumen in kleine Würfel schneiden. Die Bananen schälen und im Mixer oder mit dem Pürierstab fein pürieren.

2 Die Bananen mit dem Ingwer, Zitronensaft, 5 EL Rum, Zucker, Gelfix und 1/8 l Wasser in einen Topf geben und unter Rühren zum Kochen bringen.

3 Alles ca. 3 Min. unter ständigem Rühren kochen lassen, den restlichen Rum unterrühren. Die Gelierprobe machen (Seite 8), dann Konfitüre heiß in die vorbereiteten Gläser füllen. Die Gläser sofort verschließen.

macht was her Kokos-Melba-Konfitüre

Zutaten für 5 Gläser (je ca. 1/4 l):
je 500 g Himbeeren und Pfirsiche
5 EL Kokosflocken
6 EL Kokoslikör
500 g Gelierzucker (2:1)

Zubereitungszeit: ca.30 Min.
Ruhezeit: 2 Std.
Haltbarkeit: ca. 6 Monate
Pro Glas: ca. 535 kcal

1 Die Himbeeren sorgfältig verlesen.
Die Pfirsiche mit kochendem Wasser überbrühen, 10 Min. darin ziehen lassen, dann
häuten. Die Pfirsiche halbieren, entkernen
und in kleine Stücke schneiden. Himbeeren
und Pfirsiche mit den Kokosflocken, dem
Kokoslikör und dem Gelierzucker mischen
und 2 Std. Saft ziehen lassen.

2 Die Gläser vorbereiten (Seite 4). Die Frucht-
mischung unter Rühren zum Kochen bringen,
dann bei mittlerer Hitze ca. 4 Min. kochen
lassen. Die Gelierprobe machen (Seite 8).
Die Kokos-Melba-Konfitüre heiß in die
vorbereiteten Gläser füllen. Die Gläser
sofort verschließen.

Clever genießen
Rühren Sie diese oder auch andere Konfitüren
einmal in **Naturjoghurt** ein: Das Ergebnis
schmeckt besser als so manch gekaufter
Fruchtjoghurt mit künstlichen Aromen.

Tauschbörse
Wer auf Alkohol verzichten möchte, nimmt
statt Kokoslikör **Cream of Coconut** (gesüßte
Kokoscreme für Cocktails). Anstelle von Himbeeren schmecken auch **Erdbeeren**.

gelingt leicht **Erdbeerkonfitüre**

Zutaten für 6 Gläser (je ca. 1/2 l):
2 kg vollreife Erdbeeren
2 kg Gelierzucker (1:1)
200 g Mandelblättchen
5 g Zitronensäure

Zubereitungszeit: ca. 1 Std.
Ruhezeit: 12 Std.
Haltbarkeit: ca. 1 Jahr
Pro Glas: ca. 1630 kcal

1 Die Erdbeeren waschen, gut abtropfen lassen, dann putzen und halbieren. Vom Gelierzucker 2 EL abnehmen und beiseite stellen. Die Früchte mit dem übrigen Gelierzucker vermischen und über Nacht Saft ziehen lassen.

2 Die Gläser vorbereiten (Seite 4). Die Erdbeeren in einem großen hohen Topf bei mittlerer Hitze langsam zum Kochen bringen. Inzwischen in einer Pfanne ohne Fett die Mandelblättchen goldbraun rösten.

3 Den beiseite gestellten Gelierzucker mit der Zitronensäure mischen und unmittelbar nach dem Aufkochen unter die Erdbeeren rühren. Die Konfitüre ca. 2 Min. sprudelnd kochen lassen, bis sie dickflüssig ist. Den Topf vom Herd nehmen, die Mandelblättchen untermischen und die Gelierprobe machen (Seite 8).

4 Die Konfitüre in die Gläser füllen, sofort verschließen. Während des Abkühlens die Gläser mehrmals umdrehen, damit sich Früchte und Mandeln gleichmäßig verteilen.

Tauschbörse

Wer bei diesem beliebten Konfitürenklassiker geschmacklich einmal experimentieren möchte, nimmt statt der Mandelblättchen 2–3 TL eingelegten **grünen Pfeffer**: Die Pfefferkörner mit der Breitseite eines großen Messers vorsichtig zerdrücken und mit den vorbereiteten Erdbeeren zum Kochen bringen.

macht was her Strawberry-Margarita-Konfitüre

(im Bild hinten)

Zutaten für 5 Gläser (je ca. 1/4 l):
800 g Erdbeeren
2 unbehandelte Limetten
1/8 l Tequila
8 EL Rose's Lime Juice
200 g brauner Zucker
200 g weißer Zucker
1 Päckchen Gelfix (2:1)

Zubereitungszeit: ca. 1 Std.
Ruhezeit: 12 Std.
Haltbarkeit: ca. 1 Jahr
Pro Glas: ca. 430 kcal

1 Erdbeeren waschen und sehr gründlich abtropfen lassen, dann putzen und klein würfeln. Die Limetten heiß waschen und abtrocknen. Schale von 1 Limette dünn abschneiden und in ganz feine Streifen schneiden, den Saft aus beiden Limetten auspressen. Erdbeeren, Limettensaft und -schale mit Tequila, Lime Juice und braunem Zucker mischen und über Nacht Saft ziehen lassen.

2 Am nächsten Tag die Gläser vorbereiten (Seite 4). Den weißen Zucker mit dem Geliermittel mischen und mit den Erdbeeren vermengen. Die Mischung unter Rühren zum Kochen bringen. Dann bei mittlerer Hitze ca. 3 Min. kochen lassen. Die Gelierprobe machen (Seite 8). Die Konfitüre heiß in die vorbereiteten Gläser füllen. Sofort verschließen.

Clever einkaufen

Rose's Lime Juice ist konzentrierter Limettensaft, der vor allem für Cocktails verwendet wird. Einfach an der typisch grünen Flasche zu erkennen, bekommt man ihn im Getränkeregal gut sortierter Supermärkte.

schmeckt Kindern Brombeergelee mit Apfelstückchen

(im Bild vorne)

Zutaten für 8 Gläser (je ca. 1/4 l):
1 kg Brombeeren
2 säuerliche Äpfel (geputzt 250 g)
Saft von 1 Zitrone
1 kg Gelierzucker (1:1)

Zubereitungszeit: ca. 45 Min.
Haltbarkeit: ca. 1 Jahr
Pro Glas: ca. 575 kcal

1 Die Gläser vorbereiten (Seite 4). Die Brombeeren verlesen, waschen und abtropfen lassen. Beeren mit 1/4 l Wasser zum Kochen bringen. Bei schwacher Hitze ca. 4 Min. leise kochen lassen, bis sich reichlich Saft gebildet hat.

2 Ein Sieb mit einem sauberen Tuch auslegen. Die Brombeeren in das Sieb schütten, den Saft dabei auffangen. Das Tuch zusammendrehen und kräftig ausdrücken, damit der Saft austritt. Den Brombeersaft abmessen; es sollen ca. 3/4 l sein. Gegebenenfalls mit Wasser auffüllen.

3 Die Äpfel schälen und vierteln, dabei die Kerngehäuse entfernen. Apfelviertel in sehr kleine Würfel schneiden und mit dem Zitronensaft mischen.

4 Brombeersaft und Äpfel mit dem Gelierzucker in einem Topf mischen und unter Rühren zum Kochen bringen. Alles ca. 3 Min. bei mittlerer Hitze kochen lassen. Die Gelierprobe machen (Seite 8). Das Gelee heiß in die vorbereiteten Gläser füllen. Die Gläser sofort verschließen.

gelingt leicht Schwarzes Johannisbeergelee

(im Bild links)

Zutaten für 4 Gläser (je ca. 1/2 l):
1 kg schwarze Johannisbeeren
1 Zimtstange
450 g Gelierzucker (2:1)
2 Gewürznelken
1 Stück Sternanis
1/8 l Johannisbeerlikör (Cassis)

Zubereitungszeit: ca. 1 Std.
Ruhezeit: 12 Std.
Haltbarkeit: ca. 1 Jahr
Pro Glas: ca. 640 kcal

1 Die Johannisbeeren verlesen, waschen und abtropfen lassen. Mit den Rispen in einen Topf geben. Zimtstange zweimal brechen und mit 75 g Gelierzucker, den Gewürznelken und dem Sternanis zu den Beeren geben. Beeren leicht zerstampfen und gut verrühren. Zugedeckt über Nacht kühl stellen.

2 Am nächsten Tag die Gläser vorbereiten (Seite 4). 300 ml Wasser zu den Beeren geben und alles zugedeckt 5 Min. kochen lassen. Ein Sieb mit einem sauberen Tuch auslegen, die Beeren hineinschütten, den Saft dabei auffangen. Das Tuch zusammendrehen und kräftig ausdrücken.

3 Den Saft mit Wasser auf 1 l Flüssigkeit auffüllen. Den restlichen Gelierzucker und den Likör dazugeben. Alles unter Rühren 4 Min. kochen lassen, bis es geliert.

4 Die Gelierprobe machen (Seite 8). Das Gelee sofort in die vorbereiteten Gläser füllen und diese sofort verschließen.

aromatisch Beschwipste Kirschkonfitüre

(im Bild rechts)

Zutaten für 6–8 Gläser (je ca. 1/4 l):
ca. 1,2 kg Schattenmorellen oder andere Sauerkirschen (geputzt 1 kg)
1 kg Gelierzucker (1:1)
ca. 60 ml Kirschwasser

Zubereitungszeit: ca. 45 Min.
Haltbarkeit: ca. 9 Monate (kühl aufbewahrt)
Bei 8 Gläsern pro Glas: ca. 580 kcal

1 Die Gläser vorbereiten (Seite 4). Die Kirschen gründlich waschen, trockenreiben und entstielen, dann über einer Schüssel entsteinen, dabei die Steine in die Schüssel fallen lassen, um allen austretenden Saft aufzufangen.

2 Die Kirschen halbieren und in einen großen Topf geben. Die Steine mit dem Saft über dem Topf in ein Sieb abgießen und den Saft ablaufen lassen. Die Kirschen mit der Hälfte des Zuckers mischen und alles unter Rühren zum Kochen bringen.

3 Sobald die Mischung zu kochen beginnt, den restlichen Zucker hineinrühren. Alles unter Rühren wieder aufkochen. 10 Sek. sprudelnd kochen lassen. Dann den Topf vom Herd nehmen und das Kirschwasser unterrühren. Die Gelierprobe machen (Seite 8).

4 Die Konfitüre sofort in die vorbereiteten Gläser füllen, diese sofort verschließen.

5 Damit sich die Früchte gleichmäßig verteilen, die Gläser mit dem Deckel nach unten auf ein sauberes Küchentuch stellen und die Konfitüre so fast völlig abkühlen lassen.

macht was her Pfirsichkonfitüre mit Rosmarin

(im Bild rechts)

Zutaten für 8 Gläser (je ca. 1/4 l):
ca. 1,4 kg reife Pfirsiche (geputzt 1 kg)
1 kg Gelierzucker (1:1)
2 Zweige frischer Rosmarin
1 unbehandelte Zitrone
2–3 Tropfen Bittermandelöl
(höchstens 1/4 Röhrchen)

Zubereitungszeit: ca. 45 Min.
Ruhezeit: mindestens 2 Std.
Haltbarkeit: ca. 1 Jahr
Pro Glas: ca. 555 kcal

1 Die Pfirsiche mit kochendem Wasser überbrühen, 10 Min. darin ziehen lassen, dann häuten. Die Pfirsiche halbieren und entsteinen. Die Pfirsichhälften sehr klein würfeln. In einem Topf mit dem Gelierzucker mischen und zugedeckt mindestens 2 Std. ziehen lassen, bis sich reichlich Saft gebildet hat.

2 Die Gläser vorbereiten (Seite 4). Die Pfirsiche mit dem Pürierstab grob pürieren.

3 Den Rosmarin waschen, die Nadeln abzupfen. Die Zitrone heiß waschen, abtrocknen, die Hälfte der Schale dünn abschneiden und zusammen mit dem Rosmarin fein hacken. Zitronensaft auspressen.

4 Rosmarin, Zitronenschale und -saft sowie das Bittermandelöl zu den Pfirsichen geben und alles unter Rühren zum Kochen bringen. Die Konfitüre offen bei mittlerer Hitze ca. 3 Min. kochen lassen. Dann die Gelierprobe machen (Seite 8). Die Konfitüre heiß in die vorbereiteten Gläser füllen. Die Gläser sofort verschließen.

aromatisch Sauerkirschkonfitüre mit Vanille

(im Bild links)

Zutaten für 8 Gläser (je ca. 1/4 l):
ca. 1,5 kg Sauerkirschen (geputzt 1,3 kg)
2 Vanilleschoten
1 kg Gelierzucker (1:1)
Saft von 1/2 Zitrone

Zubereitungszeit: ca. 30 Min.
Ruhezeit: ca. 2 Std.
Haltbarkeit: ca. 1 Jahr
Pro Glas: ca. 590 kcal

1 Die Kirschen waschen, abtropfen lassen und entsteinen. Die Vanilleschoten längs aufschlitzen, das Mark herauskratzen. Das Mark und die Schoten mit den Kirschen in einen Topf geben. Mit dem Gelierzucker mischen und ca. 2 Std. ziehen lassen, bis sich Saft gebildet hat.

2 Die Gläser vorbereiten (Seite 4). Den Zitronensaft zu den Kirschen geben. Die Konfitüre unter Rühren zum Kochen bringen. Dann bei mittlerer Hitze ca. 3 Min. kochen lassen. Die Gelierprobe machen (Seite 8). Die Konfitüre heiß in die vorbereiteten Gläser füllen. Die Gläser sofort verschließen.

Besonders clever!

Rühren Sie die Konfitüre mit etwas Kirschwasser glatt, und Sie haben eine perfekte Sauce für **Panna cotta!** *Für 4 Portionen 6 Blatt weiße Gelatine 10 Min. kalt einweichen. 200 g Sahne mit 2 EL Zucker und 1 Päckchen Vanillezucker einmal aufkochen lassen, vom Herd nehmen. Die ausgedrückte Gelatine darin auflösen. Panna cotta in vier Förmchen füllen, in 4 Std. im Kühlschrank fest werden lassen.*

knusprig **Pflaumen-Krokant-Konfitüre**

Zutaten für 6 Gläser (je ca. 1/4 l):
75 g gehackte geschälte Mandeln
4 EL Zucker
ca. 1,2 kg gelbe Pflaumen (geputzt 1,1 kg)
500 g Gelierzucker (2:1)
5 EL Amaretto (nach Belieben)

Zubereitungszeit: ca. 1 Std.
Ruhezeit: 2 Std.
Haltbarkeit: ca. 6 Monate
Pro Glas: ca. 545 kcal

1 Die Mandeln in einer Pfanne ohne Fett hellbraun rösten, dann in einer Schüssel abkühlen lassen. Den Zucker in die Pfanne geben und vorsichtig hellbraun karamellisieren lassen. Die Pfanne vom Herd nehmen, die Mandeln darunter rühren. Die Krokantmasse auf ein Backpapier geben.

2 Die Pflaumen waschen, putzen und vierteln, dabei den Kern entfernen. Die Pflaumen mit dem Gelierzucker mischen und 2 Std. Saft ziehen lassen.

3 Die Gläser vorbereiten (Seite 4). Den erkalteten Mandelkrokant mit einem großen, schweren Messer zerhacken. Die Pflaumen unter Rühren zum Kochen bringen. Die Fruchtmasse bei mittlerer Hitze ca. 4 Min. kochen lassen, dann nach Belieben den Amaretto dazugeben und alles noch ca. 1 Min. weiterkochen lassen.

4 Die Gelierprobe machen (Seite 8). Den Mandelkrokant unter die heiße Konfitüre rühren. Die Pflaumen-Krokant-Konfitüre heiß in die vorbereiteten Gläser füllen und diese sofort verschließen.

Minzgelee

Zutaten für 6–8 Gläser (je ca. 1/4 l):
100 g frische Minzeblätter
je 1/2 l Apfelsaft und lieblicher Weißwein
1 kg Gelierzucker (1:1)

Zubereitungszeit: ca. 30 Min.
Ruhezeit: mindestens 1 Std.
Haltbarkeit: ca. 8 Monate
   (kühl und dunkel aufbewahrt)
Bei 8 Gläsern pro Glas: ca. 580 kcal

1 Die Minzeblätter kurz unter kaltem Wasser abspülen und gut abtropfen lassen. Dann mit 1/8 l kochendem Wasser übergießen und zugedeckt mindestens 1 Std. ziehen lassen.

2 Die Gläser vorbereiten (Seite 4). Die Minze in einem Sieb abtropfen lassen, dabei die Flüssigkeit auffangen.

3 Die Flüssigkeit mit dem Apfelsaft, dem Weißwein und dem Gelierzucker mischen, unter Rühren zum Kochen bringen und 10 Min. sprudelnd kochen lassen. Die Gelierprobe machen (Seite 8). Gegebenenfalls Gelee weitere 2 Min. kochen lassen, dann eine zweite Probe machen. Den Topf vom Herd ziehen. Gelee sofort in die vorbereiteten Gläser füllen und diese verschließen.

Stylingtipp
Besonders hübsch sieht das Gelee aus, wenn man noch einige frische, in Streifen geschnittene **Minzeblättchen** mit hineingibt. Dann muss das Gelee jedoch in Gläser mit fest verschließbarem Deckel gefüllt und während des Erkaltens mehrfach umgedreht werden, damit sich die Minzeblättchen gleichmäßig verteilen.

26

aromatisch Rhabarber-Erdbeer-Konfitüre

(im Bild hinten)

Zutaten für 4 Gläser (je ca. 1/2 l):
ca. 625 g Rhabarber (geputzt 500 g)
1/8 l Weißwein
ca. 520 g Erdbeeren (geputzt 500 g)
1 kg Gelierzucker (1:1)

Zubereitungszeit: ca. 50 Min.
Haltbarkeit: ca. 8 Monate
  (kühl und dunkel aufbewahrt)
Pro Glas: ca. 1080 kcal

1 Die Gläser vorbereiten (Seite 4).Vom Rhabarber die Haut abziehen **(Step 1)** und eventuell das untere Stängelende abschneiden, dann abwiegen.

2 Die geputzten Rhabarberstangen in kleine Stücke schneiden und mit dem Weißwein 3–5 Min. dünsten, bis die Rhabarberstücke glasig werden **(Step 2)**.

3 Die Erdbeeren gründlich waschen und gut abtropfen lassen, dann putzen, zerdrücken und mit dem Rhabarber sowie der Hälfte des Gelierzuckers mischen **(Step 3)**. Die Mischung unter Rühren aufkochen, die zweite Hälfte des Gelierzuckers dazugeben.

4 Die Konfitüre 2 Min. sprudelnd kochen lassen. Die Gelierprobe machen (Seite 8). Die Rhabarber-Erdbeer-Konfitüre heiß in die vorbereiteten Gläser einfüllen und diese sofort verschließen.

Tauschbörse

Für mehr Exotik im Glas statt der Erdbeeren 2 kleine **Mangos** (geputzt ca. 500 g) nehmen und den Weißwein durch 1–2 EL **Zitronensaft** ersetzen.

Klassiker Quittengelee

(im Bild vorne)

Zutaten für 3 Gläser (je ca. 300 ml):
1 kg Quitten l 1 unbehandelte Zitrone
ca. 1 kg Zucker (nach Saftmenge)

Zubereitungszeit: ca. 2 Std.
Haltbarkeit: ca. 6 Monate
Pro Glas: ca. 1300 kcal

1 Die Gläser vorbereiten (Seite 4). Die Quitten waschen und mit einem Tuch abreiben, um den feinen Flaum auf den Früchten zu entfernen. Die Früchte von den Blüten und Stielen befreien und zerkleinern. Zitrone heiß waschen, abtrocknen. Die Schale abreiben, den Saft auspressen.

2 Die Quitten mit 1 1/2 l Wasser, dem Zitronensaft und der -schale in einen Topf geben und 45 Min. kochen lassen. Den Saft durch ein Sieb oder Mulltuch seihen, abmessen und mit der gleichen Menge Zucker mischen. So lange kochen lassen, bis der Saft eindickt und die Gelierprobe (Seite 8) gelingt. Das dauert 45–60 Min. Gelee in die Gläser füllen, diese auf den Kopf stellen. Abkühlen lassen.

Besonders clever!

*Die Rückstände vom Entsaften der Quitten zu **Quittenbrot** verarbeiten: Quittenreste 12 Std. stehen lassen, noch einmal erwärmen, durch ein Sieb streichen. Mit 250 g Zucker mischen, offen unter häufigem Rühren bei schwacher Hitze in 2 Std. dicklich einkochen. Abkühlen lassen, mit 250 g Honig verrühren. Den Backofen auf 100° vorheizen. Zwei mit Backpapier belegte Backbleche mit Zucker bestreuen. Die Quittenmasse auf die Bleche streichen, mit Zucker bestreuen. Im Ofen bei leicht geöffneter Tür in 2 Std. trocknen lassen. Die Platten in Rauten schneiden, 24 Std. bei Zimmertemperatur trocknen lassen.*

Klassiker auf neue Art **Würziges Powidl**

Zutaten für 6–8 Gläser (je ca. 1/4 l):
3 kg vollreife Zwetschgen
1 Stück frischer Ingwer (ca. 4 cm)
2 unbehandelte Zitronen
100 g Zitronat / 2 TL gemahlener Piment
Öl zum Einfetten

Zubereitungszeit: ca. 4 Std.
Haltbarkeit: ca. 1 Jahr
   (kühl und dunkel aufbewahrt)
Bei 8 Gläsern pro Glas: ca. 215 kcal

1 Die Gläser vorbereiten (Seite 4). Die
Zwetschgen waschen und trockenreiben.
Die Früchte längs halbieren und entsteinen.
Die Zwetschgen in einen großen, gefetteten
Topf geben und bei mittlerer Hitze unter
häufigem Rühren ca. 1 Stunde kochen lassen,
bis die Früchte weich geworden sind.

2 Inzwischen den Ingwer schälen und reiben
oder sehr fein hacken. Die Zitronen heiß
waschen, abtrocknen und dünn schälen.
Die Schale und das Zitronat sehr fein hacken.

3 Ein Metallsieb über eine Schüssel
hängen. Die Zwetschgen portionsweise in
das Sieb geben, mit einem Stampfer kräftig
durchpassieren, so dass nur die Schalen
im Sieb zurückbleiben.

4 Das durchgedrückte Mus wieder in den
Topf geben. Ingwer, Zitronenschale, Zitronat
und Piment hinzufügen. Das Zwetschgenmus
bei schwacher Hitze ca. 1 1/2 Std. einkochen
lassen, dabei immer wieder umrühren, damit
es nicht anbrennt. Das heiße dunkle Mus
in die vorbereiteten Gläser füllen und diese
sofort verschließen.

edel Trauben-Riesling-Gelee

Zutaten für 6 Gläser (je ca. 1/4 l):
900 g weiße kernlose Trauben
2 Zimtstangen
1/2 l trockener Riesling-Weißwein
500 g Gelierzucker (3:1)
Saft von 1/2 Zitrone

Zubereitungszeit: ca. 40 Min.
Ruhezeit: 12 Std.
Haltbarkeit: ca. 6 Monate
Pro Glas: ca. 490 kcal

1 Die Trauben waschen, von den Stielen zupfen und halbieren. Die Zimtstangen in der Mitte durchbrechen und mit den Trauben, dem Riesling und dem Gelierzucker mischen. Die Früchte 12 Std., am besten über Nacht, Saft ziehen lassen.

2 Am nächsten Tag die Gläser vorbereiten (Seite 4). Die Traubenmischung unter Rühren zum Kochen bringen, den Zitronensaft zugeben.

3 Alles bei mittlerer Hitze ca. 5 Min. kochen lassen. Die Gelierprobe machen (Seite 8). Die Zimtstangen nach Belieben herausfischen.

4 Die Konfitüre heiß in die vorbereiteten Gläser füllen. Die Gläser sofort verschließen. Während des Abkühlens die Gläser mehrmals umdrehen, damit sich die Früchte gleichmäßig verteilen.

Besonders clever!

Der Alkohol des Weins verflüchtigt sich beim Kochen schnell. Wer es ein wenig »weiniger« mag, behält etwas Wein zurück und gibt ihn einfach kurz vor der Gelierprobe dazu, kocht ihn aber höchstens noch 1/2 Min. mit.

herbstlich **Kürbis-Apfel-Konfitüre**

Zutaten für 5 Gläser (je ca. 1/4 l):
**ca. 550 g Äpfel
  (z. B. Boskop; geputzt 500 g)
ca. 800 g Riesenkürbis
  (geputzt 500 g)
Saft von 1 Zitrone
150 ml naturtrüber Apfelsaft
1 Vanilleschote
1/2 TL Zimtpulver
500 g Gelierzucker (2:1)**

Zubereitungszeit: ca. 45 Min.
Ruhezeit: 2 Std.
Haltbarkeit: ca. 1 Jahr
Pro Glas: ca. 500 kcal

1 Die Äpfel schälen und vierteln, dabei die Kerngehäuse entfernen. Den Kürbis schälen und entkernen. Äpfel und Kürbis mil der Rohkostreibe oder mit der Küchenmaschine fein raspeln oder reiben. Sofort mit dem Zitronensaft mischen. Die Kürbis-Apfel-Raspel anschließend mit dem Pürierstab fein pürieren.

2 Den Apfelsaft zum Kürbis-Apfel-Püree geben. Vanilleschote aufschlitzen, das Mark herauskratzen und mit der Schote, dem Zimt und dem Gelierzucker unter das Püree mischen. Das Fruchtpüree 2 Std. Saft ziehen lassen.

3 Die Gläser vorbereiten (Seite 4). Die Kürbis-Apfel-Mischung mit dem Zitronensaft unter Rühren zum Kochen bringen. Bei mittlerer Hitze ca. 5 Min. kochen lassen. Die Gelierprobe machen (Seite 8). Die Vanilleschote herausfischen. Die fertige Konfitüre heiß in die vorbereiteten Gläser füllen. Die Gläser sofort verschließen.

Klassiker **Birnenkraut**

Zutaten für 4 Gläser (je ca. 200 ml):
5 kg Birnen
1 l naturtrüber Apfelsaft
1 TL gemahlener Piment
1/2 TL Zimtpulver
1–3 EL Zitronensaft

Zubereitungszeit: ca. 2 Std. 45 Min.
Haltbarkeit: 2–3 Monate
Pro Glas: ca. 700 kcal

1 Die Gläser vorbereiten (Seite 4). Die Birnen waschen, achteln, dabei die Kerngehäuse und Stiele entfernen. Wenn nötig, Faul- und Druckstellen großzügig wegschneiden.

2 Die ungeschälten Birnenstücke in einem großen Topf mit dem Apfelsaft, dem Piment und dem Zimt zum Kochen bringen. Die Birnen bei schwacher Hitze offen unter gelegentlichem Umrühren ca. 1 Std. leise kochen lassen, bis sie zu Mus zerfallen.

3 Ein Sieb mit einem sauberen Tuch auslegen und über eine Schüssel hängen. Das Birnenmus portionsweise hineingeben, abtropfen lassen, dann leicht ausdrücken und den Saft in die Schüssel ablaufen lassen. Das Birnenmus wegwerfen.

4 Den gewonnenen Saft in einen weiten Topf gießen. Den Zitronensaft – die Menge richtet sich nach der Süße der Birnen – hinzufügen. Den Birnensaft bei schwacher Hitze offen unter häufigem Rühren ca. 45 Min. einkochen, bis er goldbraun und zähflüssig wie Honig ist. Das Birnenkraut in die vorbereiteten Gläser füllen. Die Gläser sofort verschließen.

Klassiker Englische Orangenmarmelade

(im Bild hinten)

Zutaten für 6 Gläser (je ca. 1/4 l):
**1 kg dünnschalige unbehandelte
   Saftorangen
ca. 1,5 kg Einmachzucker
   (nach Saftmenge)**

Zubereitungszeit: ca. 4 Std.
Ruhezeit: 12 Std.
Haltbarkeit: ca. 8 Monate
Pro Glas: ca. 1040 kcal

1 Die Orangen heiß waschen, abtrocknen und dünn schälen. Die Schalen in feine Streifen schneiden. Die Früchte quer halbieren. Jeweils eine Hälfte in ein sauberes Tuch einschlagen **(Step 1)** und über einer Schüssel kräftig ausdrücken **(Step 2)**.

2 Die Saftmenge mit Wasser auf 2 1/2 l auffüllen. Das Fruchtfleisch in ein sauberes Tuch einbinden **(Step 3)**. In einem Topf mit den Schalen und dem Saft zugedeckt über Nacht ziehen lassen.

3 Am nächsten Tag die Gläser vorbereiten (Seite 4). Topfinhalt bei starker Hitze aufkochen, dann ca. 2 Std. leise kochen lassen. Das Tuch mit dem Fruchtfleisch entfernen und die Flüssigkeit abmessen. Es sollten knapp 1 1/2 l Saft übrig bleiben. Für jeweils 1/4 l Flüssigkeit 225 g Zucker abwiegen. Beides mischen, 30–40 Min. kochen lassen, bis die Gelierprobe (Seite 8) gelingt. Dabei ein paar Mal umrühren.

4 Den Topf vom Herd nehmen. Marmelade falls nötig abschäumen und in die vorbereiteten Gläser füllen, diese sofort verschließen. Während des Abkühlens hin und wieder umdrehen, damit sich die Schalen gleichmäßig verteilen.

Besonders clever!

*Wer eine **elektrische Saftpresse** hat, kann die dünn geschälten Orangen auch damit auspressen. Dann den Saft durch ein sauberes Tuch sieben und das Fruchtfleisch wie im Rezept beschrieben mitverwenden.*

Klassiker Lemoncurd

(im Bild vorne)

Zutaten für 2 Gläser (je ca. 1/4 l):
**75 g Butter oder Margarine
300 g Zucker
1 Päckchen Vanillezucker
2 große unbehandelte Zitronen
4 Eigelbe**

Zubereitungszeit: ca. 30 Min.
Haltbarkeit: 3–4 Monate
Pro Glas: ca. 1090 kcal

1 Die Gläser vorbereiten (Seite 4). Für ein Wasserbad einen Topf zur Hälfte mit Wasser füllen und dieses erhitzen. Eine passende Edelstahlschüssel ins heiße Wasserbad setzen.

2 Das Fett in die Schüssel geben und im heißen Wasserbad schmelzen. Bei schwacher Hitze Zucker und Vanillezucker einrieseln lassen und mit dem Fett verrühren.

3 Zitronen heiß waschen, abtrocknen. Schale abreiben, Saft auspressen. Saft und Schale zu der Masse geben. Weiterrühren, bis sich der Zucker gelöst hat.

4 Eigelbe leicht verquirlen und ebenfalls dazugeben. Die Masse im kochenden Wasserbad so lange rühren, bis sie dicklich ist. Sofort in die Gläser füllen und kühl lagern. Im Kühlschrank wird Lemoncurd fest.

exotisch **Karibik-Konfitüre**

Zutaten für 5 Gläser (je ca. 1/2 l):
1/2 Ananas (geputzt ca. 400 g)
1 Papaya (ca. 300 g) | 5 Kumquats
2 Bananen (ca. 200 g)
Saft von je 1 Orange und Limette
100 ml Rum (ersatzweise Orangensaft)
450 g brauner Zucker | 1/2 Vanilleschote
1 Zimtstange
1 Prise Macispulver oder geriebene Muskatnuss
25 g Gelfix (3:1)

Zubereitungszeit: ca. 1 Std.
Ruhezeit: 3 Std.
Haltbarkeit: ca. 6 Monate
Pro Glas: ca. 485 kcal

1 Die Ananas vierteln, schälen, putzen und fein würfeln. Papaya halbieren, entkernen, schälen und fein wurfeln.

2 Kumquats heiß waschen, putzen, längs vierteln, entkernen und quer in schmale Streifen schneiden. Bananen schälen, längs vierteln und klein schneiden.

3 Die Früchte sofort mit dem Orangen- und Limettensaft, dem Rum und 200 g Zucker mischen. Vanilleschote aufschlitzen, das Mark herauskratzen. Vanillemark und -schote, Zimtstange und Macispulver zu den Früchten geben und 3 Std. Saft ziehen lassen.

4 Die Gläser vorbereiten (Seite 4). Gelfix mit dem restlichen Zucker mischen. Früchte unter Rühren zum Kochen bringen, Zucker-Gelfix-Mischung hineingeben. Ca. 4 Min. kochen lassen. Die Gelierprobe machen (Seite 8). Vanilleschote und Zimtstange herausfischen. Konfitüre heiß in die Gläser füllen. Sofort verschließen.

preiswert Grapefruitmarmelade mit Pistazien

Zutaten für 8 Gläser (je ca. 1/4 l):
**je 3 gelbe und rosa Grapefruits
    (geputzt ca. 1 kg)
1 kg Gelierzucker (1:1)
25 g ungesalzene Pistazienkerne**

Zubereitungszeit: ca. 30 Min.
Ruhezeit: 12 Std.
Haltbarkeit: ca. 1 Jahr
Pro Glas: ca. 530 kcal

1 Die Grapefruits schälen, dabei auch
die weiße Innenhaut vollständig entfernen.
Die Früchte in kleine Stücke schneiden.
Aus den gelben Grapefruits die Kerne
entfernen. Die Grapefruits mit dem Gelierzucker in einer Porzellanschüssel mischen
und zugedeckt ca. 12 Std. ziehen lassen.

2 Die Gläser vorbereiten (Seite 4). Die
Pistazien grob hacken. Mit den Grapefruits in einen Topf füllen.

3 Alles unter Rühren zum Kochen bringen.
Ca. 3 Min. bei mittlerer Hitze kochen lassen.
Die Gelierprobe machen (Seite 8). Die Marmelade heiß in die vorbereiteten Gläser
füllen. Die Gläser sofort verschließen.

Blitzvariante

Ganz eilige Liebhaber von herben Aromen bereiten ein **Grapefruitgelee** zu: Für 6 Gläser
(je ca. 200 ml) 2 EL Sesamsamen in einer kleinen beschichteten Pfanne ohne Fett goldbraun
rösten. 700 ml Pink-Grapefruitsaft mit 500 g
Gelierzucker (2:1) aufkochen und ca. 1 Min.
sprudelnd kochen lassen. Inzwischen 1 große
Banane schälen, längs halbieren und in ca.
1/2 cm dicke Scheiben schneiden. Die Bananen-
scheibchen und die Sesamsamen vorsichtig
unter das Gelee heben. Das Gelee nochmals
aufkochen lassen, die Gelierprobe machen
(Seite 8). Das Grapefruitgelee heiß in vorbereitete Gläser (Seite 4) füllen und diese sofort
verschließen.

gut im Winter Ananaskonfitüre

(im Bild hinten)

Zutaten für 5 Gläser (je ca. 1/8 l):
1 größere Ananas (geputzt 800 g)
2 Bananen (geputzt 200 g)
500 g Gelierzucker (2:1)
4 EL weißer Rum

Zubereitungszeit: ca. 50 Min.
Haltbarkeit: 6–8 Monate
Pro Glas: ca. 530 kcal

1 Die Gläser vorbereiten (Seite 4). Die Ananas vierteln, putzen, schälen und in kleine Stücke schneiden. Die Bananen schälen und in Scheiben schneiden.

2 Die Früchte in einen großen, breiten Topf geben und mit dem Pürierstab nicht zu fein pürieren. Den Gelierzucker unter das Fruchtpüree mischen. Alles aufkochen und unter ständigem Rühren mind. 3 Min. kochen lassen. Die Gelierprobe machen (Seite 8).

3 Den Rum unterrühren. Sofort in die vorbereiteten Gläser füllen und verschließen. Die Gläser für ca. 10 Min. auf den Kopf stellen.

Blitzvariante

Wer schnell ein raffiniertes Mitbringsel braucht, rührt **rohe Ananaskonfitüre**: Für 2 Gläser (je ca. 1/4 l) 1 mittelgroße Ananas (geputzt ca. 500 g) putzen und schälen, dabei die Augen entfernen. Die Ananas ohne den harten Kern in der Mitte würfeln und im elektrischen Mixer fein zerkleinern. 2 EL Zitronensaft, 100 g Zucker und 6 g pflanzliches Bindemittel (aus dem Reformhaus) dazugeben und alles kräftig durchmixen. In vorbereitete Gläser (Seite 4) füllen und diese sofort verschließen. Im Kühlschrank aufbewahrt hält sich die Konfitüre ca. 4 Wochen.

macht was her Melonenkonfitüre mit Zitronenmelisse

(im Bild vorne)

Zutaten für 6–8 Gläser (je ca. 1/2 l):
3 Zuckermelonen (geputzt insgesamt 2,2 kg)
ca. 2,5 kg Gelierzucker (1:1; nach Frucht- und Saftmenge)
1/4 l halbtrockener Sherry
2 unbehandelte Zitronen
1/2 Hand voll Zitronenmelisseblättchen

Zubereitungszeit: ca. 1 Std.
Ruhezeit: 12 Std.
Haltbarkeit: 6–8 Monate
Bei 8 Gläsern pro Glas: ca. 1440 kcal

1 Die Melonen halbieren und die Kerne mit dem faserigen Fruchtfleisch entfernen. Die Melonenhälften jeweils in 6 Schnitze teilen. Das Fruchtfleisch von der Schale lösen und in ca. 3 cm große Würfel schneiden. Die Melonenwürfel mit 1 kg Gelierzucker und dem Sherry vermischen und zugedeckt über Nacht ziehen lassen.

2 Am nächsten Tag die Gläser vorbereiten (Seite 4). Die Zitronen heiß waschen, abtrocknen, die Schale abreiben und den Saft auspressen. Saft und Schale zu den Melonenwürfeln geben.

3 Die Melonenwürfel samt der Flüssigkeit abwiegen. Es sollten ca. 2 1/2 kg sein. Den restlichen Gelierzucker hinzufügen, alles zum Kochen bringen und ca. 5 Min. kochen lassen. Den Topf von der Herdplatte nehmen und die Gelierprobe machen (Seite 8).

4 Melisseblättchen waschen, trockentupfen und in die Gläser verteilen. Heiße Konfitüre darüber gießen. Die Gläser sofort verschließen. Während des Abkühlens die Gläser mehrmals umdrehen, damit sich die Melisse gleichmäßig verteilt.

ungewöhnlich Melonen-Mango-Konfitüre

(im Bild vorne)

Zutaten für 4 Gläser (je ca. 1/4 l):
1 reife Mango (geputzt ca. 200 g)
1 Charentais-Melone (geputzt ca. 300 g)
2 Stängel Zitronengras
1 Stück frischer Ingwer (ca. 2 cm)
Saft von 1 Zitrone
300 g Gelierzucker (2:1)

Zubereitungszeit: ca. 40 Min.
Ruhezeit: 1 Std.
Haltbarkeit: ca. 1 Jahr
Pro Glas: ca. 370 kcal

1 Die Mango schälen. Das Fruchtfleisch vom Kern schneiden und fein würfeln. Die Melone halbieren, die Kerne herauskratzen. Das Fruchtfleisch aus der Schale lösen und fein würfeln.

2 Das Zitronengras waschen, die äußeren Blätter entfernen, Wurzelansatz und oberen Teil abschneiden (nur die unteren 10 cm verwenden). Den Stängel längs halbieren und in feine Streifen schneiden, diese sehr klein würfeln. Den Ingwer schälen und ebenfalls sehr klein würfeln.

3 Die Mango- und Melonenwürfel mit dem Zitronengras, dem Ingwer, dem Zitronensaft und dem Gelierzucker mischen und 1 Std. Saft ziehen lassen.

4 Die Gläser vorbereiten (Seite 4). Die Fruchtmasse unter Rühren zum Kochen bringen. Ca. 8–10 Min. bei mittlerer Hitze kochen lassen. Die Gelierprobe machen (Seite 8). Die Konfitüre heiß in die vorbereiteten Gläser füllen. Die Gläser verschließen.

exotisch Kiwigelee mit Mango

(im Bild hinten)

Zutaten für 8 Gläser (je ca. 1/4 l):
1 kg Kiwis
1 Mango
1 kg Gelierzucker (1:1)

Zubereitungszeit: ca. 45 Min.
Haltbarkeit: ca. 1 Jahr
Pro Glas: ca. 570 kcal

1 Die Gläser vorbereiten (Seite 4). Die Kiwis schälen und halbieren. Den zähen Stielansatz herausschneiden. Die Kiwis vierteln, dann quer in Scheiben schneiden.

2 Die Kiwis mit 1/4 l Wasser zum Kochen bringen. Die Mischung ca. 4 Min. bei schwacher Hitze leise kochen lassen, bis sich reichlich Saft gebildet hat.

3 Ein Sieb mit einem sauberen Tuch auslegen. Die Kiwis hineinschütten, den Saft dabei in einem Topf auffangen. Das Tuch oben etwas zusammendrücken, damit der Saft vollständig austritt. Den Saft mit Wasser auf 3/4 l Flüssigkeit auffüllen.

4 Die Mango schälen, das Fruchtfleisch in Spalten vom Stein schneiden und in sehr kleine Würfel schneiden.

5 Den Kiwisaft mit dem Gelierzucker in dem Topf mischen, die Flüssigkeit zum Kochen bringen. Die Mangowürfel untermischen, und alles bei mittlerer Hitze ca. 3 Min. kochen lassen. Die Gelierprobe machen (Seite 8). Das fertige Gelee heiß in die vorbereiteten Gläser füllen und diese sofort verschließen.

schnell Sherry-Kirschen

(im Bild links)

Zutaten für 2 Gläser (je ca. 300 ml):
500 g süße Kirschen
200 ml Sherry
** (Amontillado oder Oloroso)**
ca. 125 g Zucker
2 Päckchen Vanillezucker
4 Gewürznelken
4 Pimentkörner
1 Stück unbehandelte Orangenschale
2–3 EL Kirschwasser

Zubereitungszeit: ca. 30 Min.
Haltbarkeit: ca. 3 Wochen
  (im Kühlschrank aufbewahrt)
Pro Glas: ca. 620 kcal

1 Die Gläser vorbereiten (Seite 4). Die Kirschen gründlich waschen und vorsichtig entsteinen, die Früchte sollten möglichst ganz bleiben. 10 Kirschkerne mit einem Hammer aufklopfen.

2 In einem großen, breiten Topf den Sherry, 100 ml Wasser, 100 g Zucker, den Vanillezucker, die Gewürznelken, die Pimentkörner, die Orangenschale und die aufgeklopften Kirschkerne vermischen.

3 Die Flüssigkeit aufkochen lassen, dann bei mittlerer Hitze unter gelegentlichem Rühren ca. 5 Min. leise kochen lassen.

4 Die Kirschen in die Gläser füllen. Den Sherry-Sud durch ein Sieb gießen. Das Kirschwasser unterrühren und den Sud nach Belieben mit restlichem Zucker nachsüßen.

5 Den Sherry-Sud noch heiß über die Kirschen in die Gläser gießen. Die Sherry-Kirschen abkühlen lassen, dann die Gläser gut verschließen.

macht was her Beeren in Cassis

(im Bild rechts)

Zutaten für 4 Gläser (je ca. 1/2 l):
750 g gemischte Beeren (z. B. Himbeeren,
** Walderdbeeren, Heidelbeeren und**
** Johannisbeeren)**
3/4 l trockener, kräftiger Rotwein
1/4 l Johannisbeerlikör (Cassis)
1/2 Zimtstange
1 TL Gewürznelken

Zubereitungszeit: ca. 30 Min.
Haltbarkeit: ca. 6 Monate
Pro Glas: ca. 385 kcal

1 Die Gläser vorbereiten (Seite 4). Die Himbeeren verlesen, die anderen Beeren ganz vorsichtig waschen, mit Küchenpapier trockentupfen, putzen bzw. von den Stielen befreien. Die Beeren mischen und in die Gläser verteilen.

2 Den Wein mit dem Johannisbeerlikör, dem Zimt und den Gewürznelken zum Kochen bringen und ca. 5 Min. leise kochen lassen. Die kochend heiße Mischung über die Beeren gießen und die Gläser sofort verschließen.

Besonders clever!

*Ob Beeren in Cassis oder Sherry-Kirschen – beide passen super zu **Crêpes**. Für 4 Portionen 2 Eier mit 1 Prise Salz, 2 EL Zucker und 1 TL Vanillezucker dicklich aufschlagen. 150 g Mehl dazusieben, 1/4 l Milch, 1 EL Sonnenblumenöl und 2 EL Sahne dazugeben. Alles gründlich verrühren, damit keine Klümpchen entstehen. Den Teig 1 Std. ruhen lassen. Eine große beschichtete Pfanne heiß werden lassen, mit Sonnenblumenöl leicht fetten und darin nacheinander die Crêpes backen. Die fertigen Crêpes bis zum Servieren warm halten.*

42

gelingt leicht **Apfelkompott**

Zutaten für 6 Gläser (je ca. 3/4 l):
200 g Rosinen
3/4 l trockener Weißwein (ersatzweise
   3/4 l ungesüßter Apfelsaft und
   2 EL Zitronensaft)
1 unbehandelte Zitrone / 3 kg säuerliche Äpfel
1 Vanilleschote / 1 Zimtstange
400 g Gelierzucker (2:1)
8 EL weißer Rum (nach Belieben)

Zubereitungszeit: ca. 1 Std. 25 Min.
Einkochzeit: ca. 25 Min.
Haltbarkeit: ca. 6 Monate
   (kühl und dunkel aufbewahrt)
Pro Glas: ca. 735 kcal

1 Gläser vorbereiten (Seite 4). Die Rosinen waschen, im Wein einweichen. Zitrone waschen und dünn schälen. Schale quer in dünne Streifen schneiden und in reichlich kochendem Wasser 3 Min. blanchieren. Abgießen und abtropfen lassen. Zitrone auspressen, Saft mit 2 l Wasser mischen. Äpfel schälen und vierteln, dabei die Kerngehäuse entfernen. Die Viertel quer halbieren und sofort in das Zitronenwasser legen.

2 Vanilleschote aufschlitzen und das Mark herauskratzen. Zimtstange mehrmals brechen. Mit dem Gelierzucker, der Vanilleschote und dem -mark in 1/2 l Wasser geben. Alles ca. 5 Min. leise kochen lassen. Zimtstange und Vanilleschote entfernen. Den Sud mit Wein, Rosinen, Rum und 1/2 l Zitronenwasser vermischen.

3 Die Apfelstücke mit der Zitronenschale in die Gläser schichten und mit dem Wein-Zitronensud begießen. Die Gläser verschließen und das Kompott ca. 25 Min. einkochen (Seite 4).

Klassiker auf neue Art # Zwetschgenkompott

Zutaten für 4 Gläser (je ca. 1/2 l):
3 kg Zwetschgen
1 Stück getrockneter Ingwer (ca. 2 cm)
1 Zimtstange | 4 Gewürznelken
3 Stück Sternanis | 3/4 l Rotweinessig
500 g Gelierzucker (2:1)
1/4 l milder Rotwein

Zubereitungszeit: ca. 1 Std.
Einkochzeit: ca. 25 Min.
Haltbarkeit: ca. 6 Monate
   (kühl und dunkel aufbewahrt)
Pro Glas: ca. 890 kcal

1 Die Gläser vorbereiten (Seite 4). Die Zwetschgen waschen, sorgfältig trockentupfen, an der Nahtstelle aufschneiden und entkernen.

2 Den Ingwer schälen und grob hacken. Die Zimtstange mehrmals brechen. Beides mit den Gewürznelken und dem Sternanis in ein Mulltuch einbinden. Den Essig mit 1/4 l Wasser und dem Gelierzucker mischen, das Gewürzsäckchen dazugeben. Alles bei schwacher Hitze zum Kochen bringen und ca. 2 Min. leise kochen lassen. Bei Bedarf etwas Wasser nachgießen.

3 Die Zwetschgen in die Gläser schichten. Mullsäckchen aus der Essig-Zucker-Lösung entfernen, den Wein angießen. Die Mischung über die Zwetschgen gießen. Gläser verschließen, das Kompott ca. 25 Min. einkochen (Seite 4).

Besonders *clever!*

*Das Kompott schmeckt zu **Kaiserschmarren**: Für 4 Portionen 1/4 l Milch, 40 g Zucker und 3 Eigelbe verquirlen, mit 200 g Mehl glatt verrühren. 3 steif geschlagene Eiweiße unterziehen. 40 g Butter in einer Pfanne schmelzen, Teig darin backen, bis die Unterseite fest ist. Wenden, bei schwacher Hitze fertig backen und mit einer Gabel klein reißen.*

Orangenlikör

(im Bild links)

Zutaten für 1 Flasche (ca. 1 l):
1 unbehandelte Orange
8 Gewürznelken
2 Stück Sternanis
125 g weißer Kandis
0,7 l Weizenkorn (32 % vol.)

Zubereitungszeit: ca. 20 Min.
Reifezeit: ca. 3 Wochen
Haltbarkeit: ca. 8 Monate
Insgesamt: ca. 850 kcal

1 Ein Glas (ca. 1 l Fassungsvermögen) vorbereiten (Seite 4). Die Orange heiß abwaschen, abtrocknen und mit den Gewürznelken spicken. Den Kandis in das Glas geben. Die Orange und den Sternanis dazugeben und den Weizenkorn angießen. Das Glas verschließen.

2 Den Orangenlikör an einem warmen Ort ca. 3 Wochen reifen lassen. Der Kandiszucker löst sich in dieser Zeit auf. Nach der Reifezeit den Likör in eine vorbereitete Flasche umfüllen.

Clever einkaufen

Unbehandelte Orangen gibt es im Reformhaus, Bioladen oder auf dem Wochenmarkt. Orangen, die sonst im Handel angeboten werden, sind gegen Fäulnis- und Pilzerkrankungen behandelt. Auch bei sehr intensivem Abwaschen mit heißem Wasser bleiben noch Rückstände auf der Schale.

Tauschbörse

Statt mit Orange kann man den feinen Likör auch mit 2 unbehandelten **Zitronen** ansetzen. Und den Weizenkorn kann man ganz nach Geschmack gegen **Wodka**, **Tequila** oder auch **Grappa** tauschen. Zu beachten ist lediglich, dass sich der Alkoholgehalt je nach Alkoholsorte erhöht.

Holundersirup

(im Bild rechts)

Zutaten für 4 Flaschen (je ca. 1/4 l):
8–10 aufgeblühte Holunderdolden
2 unbehandelte Zitronen | 500 g Zucker
1 Päckchen Zitronensäure (40 g)

Zubereitungszeit: ca. 45 Min.
Ruhezeit: 2–3 Tage
Haltbarkeit: ca. 4 Monate
Pro Flasche: ca. 520 kcal

1 Die Holunderblüten vorsichtig ausschütteln und verlesen, um kleine Insekten zu entfernen. Die Stiele knapp unter den Dolden abschneiden. Die Zitronen heiß waschen, abtrocknen und in ca. 1 cm dicke Scheiben schneiden.

2 In einem großen Topf den Zucker und 600 ml Wasser mischen. Unter Rühren erhitzen, bis sich der Zucker völlig aufgelöst hat. Vom Herd nehmen und in eine Schüssel füllen.

3 Die Holunderblüten und die Zitronenscheiben in die Zuckerlösung geben. Die Mischung für 2–3 Tage an einen sonnigen Platz stellen, dabei gelegentlich umrühren.

4 Flaschen vorbereiten (Seite 4). Die Holunderblüten und die Zitronenscheiben herausheben. Den Sirup durch ein Mulltuch oder ein Haarsieb laufen lassen. Anschließend mit der Zitronensäure gründlich verrühren. Den Sirup in die vorbereiteten Flaschen füllen und diese gut verschließen.

Besonders clever!

*Mit trockenem **Sekt** aufgegossen wird der Holundersirup (1–2 TL auf 10 cl Sekt) zu einem aparten Aperitif, mit einem Glas kaltem **Mineralwasser** zum frischen Sommerdrink.*

Kraut & Rüben

Feines Stelldichein – Büfetts für Freunde

Für ein stressfreies Büfett eignet sich nichts besser als Eingemachtes: Tage oder Wochen vorher in Gläser geschichtet wartet es nach dem Durchziehen nur noch darauf, von hungrigen Gästen inklusive relaxten Gastgebern genussvoll verspeist zu werden. Wenn dann noch die Zusammenstellung der Gerichte stimmt, steht einem rundum gelungenen Abend nichts mehr im Wege. Aber auch die muss kein großes Kopfzerbrechen bereiten – mit einem mediterranen oder asiatischen Büfett liegt man immer richtig.

Mediterranes Büfett

Scharfe Zucchini in Öl (Seite 59)

Eingelegte Paprikaschoten (Seite 61)

Eingelegte Cocktailtomaten (Seite 62)

Pilze mit Balsamico (Seite 66)

Eingelegter Möhrensalat (Seite 69)

Romesco (Seite 87; dazu: kalter Braten)

Bunter Salat mit Vinaigrette aus **provenzalischem Kräuteröl** (Seite 101)

Eingelegter Mozzarella (Seite 109)

Um den Genuss à la Mittelmeer perfekt zu machen, sollten Sie reichlich Baguette, Ciabatta oder toskanisches Weißbrot dazu reichen. Und als zusätzliches Schmankerl **Garnelenspießchen:** Für ca. 25 Stück 1 Zucchino (ca. 200 g) putzen, waschen, in dünne Scheiben hobeln. 80 g geschälte gegarte Garnelen kalt abspülen und trockentupfen. 2 Zucchinischeiben in der Mitte leicht zusammenfalten, 1 Garnele in die Öffnung legen und so auf ein Holzspießchen stecken. Die Spießchen portionsweise in reichlich Öl ca. 1/2 Min. frittieren. Auf Küchenpapier entfetten. 1 EL Aceto balsamico mit 1 EL Zitronensaft, 1 TL gehacktem Dill, Salz, Pfeffer und 1 Msp. Sambal oelek verrühren, 2 El Olivenöl darunter schlagen. Die Marinade über die Spießchen träufeln.

Asia-Büfett

Kim-chi-Salat (Seite 55, Tipp)

Würziger Blumenkohl und Brokkoli (Seite 67)

Weißkohl-Zigarren (Seite 73)

Auberginen in Honigmarinade (Seite 77)

Pflaumen-Chutney (Seite 97), dazu: in **Kräuteressig** (Seite 103) marinierte, anschließend gebratene Hähnchenbrustfilets

Makrelen in Sojasud (Seite 113)

Ein **asiatischer Glasnudelsalat** macht das Ganze rund: Für 4 Portionen 50 g Glasnudeln nach Packungsanweisung einweichen, abgießen, klein schneiden. 1 Zwiebel, 2 Knoblauchzehen und 2 Chilischoten sehr klein würfeln. 3 Frühlingszwiebeln in Ringe schneiden. 1 rote Paprikaschote fein würfeln. 150 g Hackfleisch in 3 EL Öl krümelig braten. Zwiebel, Knoblauch, Chilis, Frühlingszwiebeln und Paprika dazugeben. Kurz andünsten, dann abkühlen lassen. Mit 50 g Erdnusskernen unter die Glasnudeln mischen. Eine Marinade aus 3 EL Sesamöl, 1 EL Zitronensaft, 1 TL Sojasauce, 1 TL Zucker und Pfeffer darüber gießen, alles vermischen. Je 1 Hand voll grob gehackte Koriander- und Basilikumblättchen unterheben.

48

Klassiker **Mixed Pickles**

(im Bild links)

Zutaten für 3 Gläser (je ca. 1 l):
**500 g höchstens daumengroße Einlegegurken
75 g Salz | 1 kleiner Kopf Blumenkohl
je 250 g Möhren und Stangenbohnen
je 1 rote und gelbe Paprikaschote
150 g Perlzwiebeln
1 Stück frischer Meerrettich (ca. 3 cm)
3 Lorbeerblätter
je 1 TL schwarze und weiße Pfefferkörner
10 Pimentkörner
1 EL Senfkörner
1 l Weinessig | 100 g Zucker**

Zubereitungszeit: ca. 1 Std. 30 Min.
Ruhezeit: 12 Std. + 3–4 Tage
Haltbarkeit: ca. 6 Monate
    (kühl und dunkel aufbewahrt)
Pro Glas: ca. 205 kcal

1 Die Gurken unter fließendem Wasser gründlich abbürsten und in eine Schüssel legen. Mit einer Lake aus 1 l Wasser und dem Salz begießen, so dass die Gurken damit gut bedeckt sind. 12 Std. ruhen lassen.

2 Die Gläser vorbereiten (Seite 4). Gemüse gründlich waschen und putzen. Blumenkohl in Röschen teilen. Möhren schälen und in Scheiben schneiden. Bohnen in ca. 5 cm große Stücke brechen, Paprikaschoten in ca. 2 cm breite Streifen schneiden. Das Gemüse in reichlich kochendem Salzwasser 5 Min. blanchieren **(Step 1)**, abgießen und eiskalt abschrecken **(Step 2)**.

3 Zwiebeln und Meerrettich schälen. Meerrettich in dünne Scheiben schneiden. Die Gurken abgießen und abspülen. Alles mit den zerbrochenen Lorbeerblättern und den übrigen Gewürzkörnern dicht in die Gläser schichten **(Step 3)**.

4 Den Weinessig mit 3/4 l Wasser und dem Zucker aufkochen, sofort über das Gemüse gießen. Die Gläser verschließen, kühl stellen. Nach 3–4 Tagen den Sud nochmals abgießen, erneut aufkochen, wieder über das Gemüse gießen. Die Gläser verschließen.

Klassiker **Feine Essiggurken**

(im Bild rechts)

Zutaten für 3–4 Gläser (je ca. 1 l):
**2 kg möglichst gleich große
    Einlegegurken
ca. 65 g Salz
einige Zweige frischer Estragon und Dill
einige Dilldolden
je 1 TL Pfeffer- und Pimentkörner
4 TL Senfkörner
1 1/2 l sehr milder Weinessig
1 EL Zucker
1 Päckchen Einmachhilfe**

49

Zubereitungszeit: ca. 1 Std. 20 Min.
Ruhezeit: 24 Std. + 4 Wochen
Haltbarkeit: ca. 6 Monate
Bei 4 Gläsern pro Glas: ca. 85 kcal

1 Gurken unter fließendem Wasser abbürsten, mehrmals mit einer Nadel einstechen und in eine Schüssel geben. Mit 60 g Salz bestreuen und mit Wasser begießen, so dass sie gerade bedeckt sind. 24 Std. stehen lassen.

2 Die Gläser vorbereiten (Seite 4). Gurken abgießen, nochmals waschen und auf einem Küchentuch abtropfen lassen. Mit den Kräutern und Gewürzkörnern in die Gläser füllen.

3 Essig mit 1 1/2 l Wasser, 1/2 EL Salz und dem Zucker aufkochen, Einmachhilfe unterrühren. Heiß über die Gurken gießen. Gläser sofort verschließen. Kühl gestellt 4 Wochen durchziehen lassen.

für Gäste **Schalotten in Rotweinessig**

Zutaten für 2 Gläser (je ca. 350 ml):
375 g kleine Schalotten
Salz
8 EL Rotweinessig
1 EL Honig
3 EL Sonnenblumenöl
2 EL Zucker
Pfeffer

Zubereitungszeit: ca. 45 Min.
Haltbarkeit: ca. 3 Monate (kühl gestellt)
Pro Glas: ca. 125 kcal

1 Die Gläser vorbereiten (Seite 4). Die Schalotten schälen. 850 ml Wasser zum Kochen bringen, salzen. Die Schalotten darin 5 Min. blanchieren, dann in ein Sieb abgießen, den Kochsud dabei auffangen. Essig in einem Topf leicht erwärmen, den Honig darin auflösen.

2 Das Öl in einer Kasserolle erhitzen. Die abgetropften Schalotten darin 3 Min. unter Rühren bei mittlerer Hitze anbraten. Mit dem Zucker bestreuen, mit Pfeffer und Salz würzen.

3 Den Honig-Essig zu den Schalotten gießen. Die Schalotten 5 Min. offen kochen lassen, gelegentlich rühren. 100 ml Kochsud dazugießen, aufkochen lassen. Zwiebeln und Sud in die Gläser füllen, diese sofort verschließen.

Clever genießen
Die Schalotten passen als Vorspeise zu rohem **Schinken** und knusprigem **Brot**, aber auch als Beilage zu kurzgebratenem oder gegrilltem **Fleisch**.

zum Knabbern # Knoblauch süß-sauer

Zutaten für 2 Gläser (je ca. 1/2 l):
500 g Knoblauchzehen | 250 g Möhren
1 grüne Chilischote | 1 Zweig frischer Thymian
1 Zweig frischer Rosmarin | 1/4 l Sherryessig
1/2 l trockener Weißwein (z. B. Riesling)
2 Lorbeerblätter | 10 grüne Pfefferkörner
5 Pimentkörner | 3 EL brauner Zucker | Salz

Zubereitungszeit: ca. 1 Std.
Ruhezeit: 12 Std.
Haltbarkeit: 2–3 Wochen
Pro Glas: ca. 410 kcal

1 Die Gläser vorbereiten (Seite 4). Den Knoblauch schälen. Die Möhren putzen, falls nötig schälen, längs vierteln und in 2 cm lange Stücke schneiden. Die Chilischote längs aufschlitzen, entkernen, in nicht zu schmale Streifen schneiden. Kräuter waschen und trockenschütteln.

2 Sherryessig und Weißwein mit der Chilischote, den Kräutern, Lorbeerblättern, grünen Pfefferkörnern, Pimentkörnern, dem Zucker und 2 TL Salz aufkochen.

3 Knoblauch und Möhren dazugeben, 5 Min. sprudelnd kochen lassen. Den Topf vom Herd nehmen, abkühlen lassen. Gemüse mit Sud in die Gläser füllen, sofort verschließen und mindestens über Nacht durchziehen lassen.

Tauschbörse
Knoblauchgegner legen kleine **Perlzwiebeln** oder **Schalotten** auf die gleiche Weise ein.

Besonders clever!

*Wenn Sie den Knoblauch **länger aufheben** wollen, nur 2–3 Min. kochen. Über Nacht abkühlen lassen, am nächsten Tag nochmals aufkochen, 5 Min. leise sieden lassen. In vorbereitete Gläser füllen, sofort verschließen. Abkühlen lassen. Ca. 3 Monate haltbar.*

Klassiker auf neue Art **Senfgurken mit Apfel**

(im Bild vorne)

Zutaten für 5 Gläser (je ca. 450 ml):
3 große Salatgurken (je ca. 600 g)
2 säuerliche Äpfel
1/2 l Reisessig (Asienladen;
   ersatzweise milder Weinessig)
150 g Zucker
1 großes Bund Dill
50 g Senfkörner
5 Lorbeerblätter

Zubereitungszeit: ca. 50 Min.
Ruhezeit: ca. 24 Std. + 1 Woche
Haltbarkeit: ca. 1 Jahr
Pro Glas: ca. 110 kcal

1 Die Gurken schälen, längs halbieren und die Kerne mit einem Löffel herauskratzen. Die Gurken in fingerlange, dünne Streifen schneiden. Die Äpfel schälen, vierteln, dabei die Kerngehäuse entfernen. Viertel in ca. 1 cm dicke Scheiben schneiden.

2 Den Essig mit 1/2 l Wasser und dem Zucker zum Kochen bringen. Die Gurken und die Äpfel hineingeben, einmal aufkochen lassen. Vom Herd nehmen und ca. 24 Std. ziehen lassen.

3 Die Gläser vorbereiten (Seite 4). Die Gurken und die Äpfel aus dem Essigsud heben. Den Dill waschen, trockenschütteln und in ca. 3 cm lange Stücke schneiden. Die Gurken und Äpfel mit dem Dill, den Senfkörnern und den Lorbeerblättern in die Gläser füllen.

4 Den Essigsud nochmals aufkochen, lauwarm abkühlen lassen und über die Gurken gießen. Sie sollen ganz bedeckt sein. Die Gläser verschließen. Die Gurken mindestens 1 Woche ziehen lassen.

ganz einfach **Milchsaure Rote Beten**

(im Bild hinten)

Zutaten für 4 Gläser (je ca. 1/2 l):
1 kg Rote Beten
Salz | 2 Zwiebeln
1 EL Kümmelkörner
1 TL Korianderkörner

Zubereitungszeit: ca. 25 Min.
Ruhezeit: 1 Woche + 5 Wochen
Haltbarkeit: ca. 6 Monate
Pro Glas: ca. 60 kcal

1 Die Gläser vorbereiten (Seite 4). Die Roten Beten schälen und vierteln. Mit dem Gurkenhobel in feine Scheiben teilen.

2 3 gehäufte TL Salz in 3/4 l Wasser auflösen. Das Salzwasser einmal aufkochen, dann abkühlen lassen. Die Zwiebeln schälen und in feine Ringe schneiden.

3 Die Roten Beten und die Zwiebeln mit den Gewürzkörnern in die Gläser schichten. Das Salzwasser angießen. Die Gläser sollen nur bis ca. 2 cm unter den Rand gefüllt sein. Die Gläser verschließen und ca. 1 Woche bei Zimmertemperatur stehen lassen. Dann an einem kühlen Ort (aber nicht im Kühlschrank) noch ca. 5 Wochen ruhen lassen.

Tauschbörse

Neben Roten Beten kann man auch **Rettich, Möhren, Sellerie, Paprikaschoten** oder **Kürbis** milchsauer einlegen. Das rohe Gemüse so klein schneiden, dass es sich gut in Gläser oder den Gärtopf schichten lässt. Salz in kochendem Wasser auflösen, abkühlen lassen und zum Gemüse geben. Man rechnet auf 100 g Gemüse ca. 1 g Salz. Das Gemüse mit dem Salzwasser mischen und in den Gärtopf oder das Glas geben. Es soll mit Flüssigkeit bedeckt sein.

Klassiker # Sauerkraut

Zutaten für 1 Gärtopf (ca. 10 l):
10 kg Weißkohl
4 säuerliche Äpfel
100 g Meersalz
10 Lorbeerblätter
3 EL Wacholderbeeren
1 EL Kümmel- oder Senfkörner
(nach Belieben)

Zubereitungszeit: ca. 1 Std.
Ruhezeit: 2–3 Tage + 4 Wochen
Haltbarkeit: ca. 6 Monate
Pro 100 g: ca. 20 kcal

1 Von den Kohlköpfen die äußeren Blätter ablösen. Einige schöne Blätter beiseite legen. Die Kohlköpfe vierteln und in feine Streifen hobeln, dabei jeweils den Strunk entfernen. Die Äpfel schälen und vierteln, dabei die Kerngehäuse entfernen. Die Viertel quer in schmale Scheiben schneiden.

2 Das gehobelte Kraut ca. 2 cm hoch in einen sauberen Gärtopf geben und mit den Fäusten oder einem Holzstampfer so lange stampfen, bis Saft austritt **(Step 1)**. Einige Apfelscheiben, etwas Salz und einen Teil der Gewürze untermischen. Eine weitere Schicht Kraut auflegen und wieder gründlich stampfen. Auf diese Art alle Zutaten in den Topf schichten. Es soll dabei so viel Saft austreten, dass die Zutaten im Topf davon vollständig bedeckt sind.

3 Die beiseite gelegten Kohlblätter waschen und auf den gehobelten Kohl legen. Einen Deckel oder einen Teller auf das Kraut legen. Mit einem Stein oder Gewicht beschweren **(Step 2)**.

4 Den Kohl bei ca. 20° dunkel (mit einem Tuch bedeckt) 2–3 Tage stehen lassen, bis sich Schaum gebildet hat. Den Schaum abschöpfen **(Step 3)**.

5 Das Kraut dann für ca. 4 Wochen an einen kühleren Ort stellen (ca. 15°). Nach 1 Woche den Schaum abschöpfen. Ab dann jeden zweiten Tag den Deckel abnehmen und den Schaum abschöpfen. Das Sauerkraut ist fertig, wenn sich kein Schaum mehr bildet.

6 Das Sauerkraut im Gärtopf aufbewahren oder in Schraubgläser füllen.

Variante

Wenn Sie nur eine **kleine Menge** Sauerkraut zubereiten möchten, machen Sie es so:
1 kg Weißkohl in feine Streifen hobeln, mit 10 g Salz in einer stabilen Schüssel so lange stampfen, bis sich reichlich Saft bildet. Mit Äpfeln, Lorbeer und Gewürzen in sterilisierte Gläser füllen und gut zusammendrücken. Mit Salzwasser (ca. 1/2 EL Salz auf 1/2 l Wasser) aufgießen und stehen lassen.

Besonders clever!

*So verwandeln Sie Sauerkraut in einen koreanisch inspirierten und büfetttauglichen **Kim-chi-Salat**: Für 6 Portionen 500 g frisches Sauerkraut mit 1 TL Salz und 1 EL Zucker in einer Schüssel vermischen. 100 g weißen Rettich und 2 Möhren schälen und grob auf das Sauerkraut raspeln. 2 Frühlingszwiebeln putzen, waschen und in feine Ringe schneiden. 1–2 frische rote Chilischoten waschen, putzen und ebenfalls in feine Ringe schneiden. 1 walnussgroßes Stück frischen Ingwer und 2 Knoblauchzehen schälen und fein hacken. 1 Sardellenfilet (aus dem Glas) kalt abspülen, trockentupfen und ebenfalls fein hacken. Alles mit 4 EL Wasser unter das Sauerkraut mischen. Den Salat zugedeckt im Kühlschrank 2 Tage durchziehen lassen.*

Gemüse im Senfsud

Zutaten für 6 Gläser (je ca. 1/2 l):
300 g junge Zucchini
800 g Brokkoli
500 g grüne Bohnen
2 rote Paprikaschoten (ca. 400 g)
250 g kleine Zwiebeln
2 Kohlrabi (ca. 500 g)
250 g Cocktailtomaten
300 g Meersalz
1 Stück frischer Ingwer (ca. 2 cm)
1 1/4 l Weißweinessig
200 g Zucker
1 EL Kurkumapulver
2 EL englisches Senfpulver
je 2 TL Koriander- und Kreuzkümmelpulver
1 gehäufter EL Speisestärke

Zubereitungszeit: ca. 1 Std. 15 Min.
Ruhezeit: 24 Std. + 4 Wochen
Haltbarkeit: ca. 1 Jahr
Pro Glas: ca. 150 kcal

1 Zucchini und Brokkoli waschen, putzen und in mundgerechte Stücke schneiden. Brokkolistiele schälen und in Scheiben schneiden. Die Bohnen waschen, von Enden und Fäden befreien und in ca. 2 cm lange Stücke schneiden.

2 Die Paprikaschoten waschen, halbieren und putzen. Die Schotenhälften in Würfel schneiden. Die Zwiebeln schälen und halbieren. Den Kohlrabi schälen und in Würfel schneiden. Die Tomaten waschen und die Schalen mit einer Nadel mehrmals einstechen.

3 Alle Gemüsesorten in eine große Schüssel geben, mit dem Salz mischen. Einen Teller auf das Gemüse legen und mit einem Gewicht beschweren. Das Gemüse an einem kühlen Ort, aber nicht im Kühlschrank, ca. 24 Std. ziehen lassen.

4 Das Gemüse am nächsten Tag in ein Sieb geben, kalt abspülen und gut abtropfen lassen. Die Gläser vorbereiten (Seite 4).

5 Den Ingwer schälen, fein hacken und in einen Topf geben. Essig, Zucker und die Gewürze hinzufügen. Das Gemüse untermischen. Alles zum Kochen bringen und zugedeckt ca. 7 Min. leise kochen lassen, bis das Gemüse bissfest ist. Das Gemüse mit einem Schaumlöffel aus dem Sud heben und in die vorbereiteten Gläser verteilen.

6 Die Speisestärke mit wenig kaltem Wasser anrühren. Den Kochsud noch einmal erhitzen, die Speisestärke einrühren. Die Sauce unter Rühren ca. 3 Min. leise kochen lassen, bis sie dicklich wird. Dann über das Gemüse gießen. Die Gläser sofort verschließen. Mindestens 4 Wochen ziehen lassen.

Besonders clever!

*Wollen Sie diese Spezialität »very british« genießen, servieren Sie sie zu einer **Lammkeule:** Für 6 Portionen 3 Knoblauchzehen und 500 g Schalotten schälen, Knoblauch durchdrücken. 1 Lammkeule (ca. 1,5 kg) mit Salz, Pfeffer und dem Knoblauch einreiben. Den Backofen auf 250° vorheizen. 2 EL Öl in einem Bräter erhitzen, Lammkeule darin rundum kräftig anbraten. Schalotten um das Fleisch verteilen, kurz mitbraten. 3/8 l Weißwein angießen. Bräter offen in den Ofen (Mitte, Umluft 230°) stellen und die Keule ca. 10 Min. braten. Temperatur auf 200° (Umluft 180°) reduzieren, die Keule noch 50 Min. braten. Dabei immer wieder mit Bratenflüssigkeit begießen. Aus dem Bräter nehmen, 10 Min. ruhen lassen. Schräg zum Knochen in Scheiben schneiden und servieren.*

würzig Scharfe Zucchini in Öl

Zutaten für 2 Gläser (je ca. 650 ml):
1 kg junge Zucchini
3/8 l Weißweinessig
Salz | 3 frische rote Chilischoten
1/2 Bund frischer Thymian
ca. 1/2 l Olivenöl
weißer Pfeffer | 1–2 EL Kapern

Zubereitungszeit: ca. 45 Min.
Haltbarkeit: ca. 3 Monate
Pro Glas: ca. 390 kcal

1 Die Gläser vorbereiten (Seite 4). Die Zucchini waschen, putzen und der Länge nach in ca. 1/2 cm dicke Scheiben schneiden. Falls sie sehr lang sind, die Zucchini quer halbieren.

2 Den Essig, 3/4 l Wasser und 1 EL Salz zum Kochen bringen. Die Zucchini darin ca. 2 Min. kochen, dann mit einem Schaumlöffel herausheben und auf einem Küchentuch gut abtropfen lassen.

3 Die Chilischoten waschen, putzen, halbieren und entkernen. Die Schotenhälften nochmals kalt abspülen, trockentupfen und in feine Streifen schneiden. Anschließend die Hände waschen.

4 Den Thymian waschen, trockenschütteln und die Blättchen von den Stielen streifen.

5 In einer Pfanne 2 EL Öl erhitzen. Einen Teil der Zucchinischeiben mit einigen Chilistreifen und etwas Thymian darin von beiden Seiten goldbraun braten. Auf diese Weise auch die übrigen Scheiben jeweils in etwas Öl braten.

6 Die Zucchinischeiben mit Pfeffer würzen und mit den Kapern in die Gläser verteilen. Mit so viel Öl begießen, dass sie ganz davon bedeckt sind.

Tauschbörse

In Öl einlegen lassen sich auch sehr gut **Auberginen, Pilze** und kleine **Artischocken**. Das Gemüse zuerst in einer Essigmarinade (1 Teil Essig, 2 Teile Wasser) kochen, damit es lange haltbar bleibt. Dann gut abtropfen lassen und mit Gewürzen oder Kräutern in Gläser schichten. Mit so viel Öl begießen, dass es ganz davon bedeckt ist. (Eventuell nach einigen Tagen Öl nachfüllen.)

Besonders clever!

*Die Zucchini sind ein ideales Bett für Tintenfische! Für 4 Portionen **Tintenfisch-Zucchini-Salat** 300 g kleine, frische und küchenfertige Tintenfische kalt abspülen. Mit 1 EL getrocknetem Suppengrün und 1/8 l trockenem Weißwein in einen kleinen Topf geben. Knapp mit Wasser bedecken, zugedeckt bei schwacher Hitze 20 Min. garen. Inzwischen für die Marinade 2 Knoblauchzehen schälen, hacken und mit 1 EL Zitronensaft, 2 EL Aceto balsamico, 2 EL gehackter Petersilie und 3 EL Olivenöl verquirlen. Mit Salz und Pfeffer würzen. Die Tintenfische abgießen, in der Marinade wenden und 2 Std. darin ziehen lassen. Ca. 500 g abgetropfte Zucchini in Öl auf einer Platte anrichten. Auf das Zucchinibett die Tintenfische geben. Mit 50 g entsteinten schwarzen Oliven und 1 Hand voll Basilikumblättern bestreuen. Zu dem Salat frisches Baguette servieren.*

gut im Sommer **Eingelegte Paprikaschoten**

(im Bild hinten)

Zutaten für 3 Gläser (je ca. 1/2 l):
**je 500 g gelbe, grüne und rote
    Paprikaschoten
12 Knoblauchzehen
1/2 l Olivenöl
Salz
1/8 l Weinessig**

Zubereitungszeit: ca. 1 Std.
Haltbarkeit: ca. 6 Wochen
    (kühl und dunkel aufbewahrt)
Pro Glas: ca. 290 kcal

1 Die Gläser vorbereiten (Seite 4). Die
Paprikaschoten waschen und trockenreiben.
Dann halbieren und putzen. Die Schoten-
hälften in ca. 2 cm breite Streifen schneiden.
Den Knoblauch schälen und längs in Stifte
schneiden.

2 Das Öl in einem großen, tiefen Topf fast
rauchheiß werden lassen. Paprika und Knoblauch hineingeben und die Hitze sofort ganz
schwach einstellen. 2 gestrichene TL Salz
über das Gemüse streuen und unterrühren.

3 Alles zugedeckt 20 Min. schmoren lassen.
Die Paprikastücke müssen gar, aber noch
bissfest sein.

4 Die Paprikastücke mit einem Schaumlöffel aus dem Sud nehmen und in die
Gläser schichten. Den Kochsud mit dem
Essig mischen und 5 Min. sprudelnd einkochen lassen. Dann eventuell mit Salz
nachwürzen.

5 Den heißen Sud über die Paprikastücke
gießen. Die Gläser erst nach dem Abkühlen
verschließen.

schnell **Gegrillter Radicchio**

(im Bild vorne)

Zutaten für 2 Gläser (je ca. 600 ml):
**4 mittelgroße Radicchioköpfe (ca. 1 kg)
1/4 l Aceto balsamico
1/4 l trockener Weißwein
Salz / 2 kleine unbehandelte Zitronen
ca. 600 ml Olivenöl
1 EL weiße Pfefferkörner
2 Lorbeerblätter (nach Belieben)**

Zubereitungszeit: ca. 30 Min.
Haltbarkeit: ca. 3 Monate
Pro Glas: ca. 410 kcal

1 Die Gläser vorbereiten (Seite 4). Vom Radicchio die äußeren Blätter entfernen. Die Köpfe
waschen und längs vierteln oder sechsteln.
Den Strunk nicht herausschneiden.

2 Den Essig mit 1/4 l Wasser, dem Wein und
1 kräftigen Prise Salz zum Kochen bringen.
Den Radicchio darin bei mittlerer Hitze zugedeckt ca. 5 Min. kochen lassen. Dann
herausheben und sehr gut abtropfen lassen.
Inzwischen die Zitronen heiß waschen und
abtrocknen. Längs vierteln. Den Backofengrill
vorheizen.

3 Die Radicchio- und die Zitronenviertel in die
Fettpfanne des Backofens geben, mit ca. 2 EL Öl
bepinseln und ca. 10 Min. unter dem Grill erhitzen, bis sie schön gebräunt sind. Radicchio-
und Zitronenviertel mit den Pfefferkörnern und
Lorbeerblättern in die Gläser füllen. So viel Öl
angießen, dass sie davon bedeckt sind.

Besonders **clever!**

*Wenn Sie keinen Grill haben, können Sie den
Radicchio auch in einer großen beschichteten
Pfanne braten.*

gelingt leicht ## Eingelegte Cocktailtomaten

Zutaten für 2 Gläser (je ca. 300 ml):
10 Knoblauchzehen
1 Bund frischer Oregano
200 ml Essig
60 g Zucker
Salz
1 TL schwarze Pfefferkörner
400 g Cocktailtomaten
Olivenöl zum Bedecken

Zubereitungszeit: 45 Min.
Ruhezeit: 1 Woche
Haltbarkeit: 3–4 Wochen
Pro Glas: ca. 165 kcal

1 Die Gläser vorbereiten (Seite 4). Den Knoblauch schälen. Den Oregano waschen und trockenschütteln.

2 Den Essig mit dem Zucker, Salz, den Pfefferkörnern, 2 Knoblauchzehen und 300 ml Wasser mischen und bei schwacher Hitze 10 Min. leise kochen lassen.

3 Die Tomaten waschen. Reichlich Wasser aufkochen, salzen. Die Tomaten darin 3 Min. blanchieren, dann abgießen und abtropfen lassen. Die Tomaten mit den Oreganozweigen in die Gläser füllen.

4 Den restlichen Knoblauch auf die Tomaten pressen. Die heiße Marinade darüber gießen. Mit so viel Olivenöl auffüllen, dass die Tomaten vollständig bedeckt sind. Die Gläser verschließen und die Tomaten 1 Woche durchziehen lassen. Zum Servieren nach Belieben Zahnstocher in die Cocktailtomaten stecken.

Klassiker Pizza-Tomaten

Zutaten für 5 Gläser (je ca. 3/4 l):
3 kg reife, feste Eiertomaten
Salz | 1 EL Zucker | 2–3 Zweige frischer Estragon
einige Basilikumblätter | 1 EL Pfefferkörner

Zubereitungszeit: ca. 25 Min.
Einkochzeit: 1 Std. 30 Min.
Haltbarkeit: ca. 6 Monate
Pro Glas: ca. 40 kcal

1 Die Gläser vorbereiten (Seite 4). Die Tomaten kurz überbrühen und häuten, dabei die Stielansätze entfernen. In die Gläser schichten.

2 Den Backofen auf 190° vorheizen. Ein tiefes Blech mit einem Küchentuch auslegen. 1 1/2 l Wasser mit 3 TL Salz und dem Zucker aufkochen, Kräuter waschen und mit den Pfefferkörnern dazugeben, alles nochmals aufkochen. Sud über die Tomaten geben. Gläser verschließen und auf das Blech stellen. 2 cm heißes Wasser angießen. Blech in den Ofen (Umluft 180°) schieben.

3 Sobald nach ca. 30 Min. in den Gläsern kleine Luftbläschen aufsteigen, Ofen ausschalten. Tomaten noch mindestens 1 Std. im abgeschalteten Ofen stehen lassen.

Besonders clever!

*Pizza-Tomaten sind die beste Grundlage für eine **Pizza Margherita**. Für 1 Blech 1/2 Würfel Hefe mit 200 ml lauwarmem Wasser und 1 Prise Zucker verrühren. Mit 450 g Mehl, 4 EL Olivenöl und 1 TL Salz zu einem glatten Teig verkneten. Teig zugedeckt an einem warmen Ort 1 Std. ruhen lassen. Backofen auf 225° (Umluft 200°) vorheizen. Teig auf einem gefetteten Backblech dünn ausrollen. Pizza-Tomaten (ca. 800 g) darauf verteilen. 250 g Mozzarella in dünnen Scheiben darauf legen. Mit Salz, Pfeffer und 1 Hand voll Basilikumblättern bestreuen, mit 4 EL Olivenöl beträufeln. Im Ofen (Mitte) ca. 15 Min. backen.*

63

64

Eingelegte Artischockenherzen

(im Bild links)

Zutaten für 6 Gläser (je ca. 400 ml):
3 unbehandelte Zitronen
1 1/2 kg junge kleine Artischocken
4 Knoblauchzehen
3/4 l kräftiger Essig
Salz
2 1/2 EL gelbe Senfkörner
4 Lorbeerblätter
ca. 800 ml Olivenöl zum Bedecken

Zubereitungszeit: ca. 45 Min.
Haltbarkeit: ca. 2 Monate
Pro Glas: ca. 440 kcal

1 Die Gläser vorbereiten (Seite 4). Saft von 1 Zitrone auspressen.

2 Von den Artischocken die äußeren Blätter entfernen **(Step 1)**, die übrigen Blattspitzen glatt abschneiden, so dass nur das weiche untere »Fleisch« stehen bleibt **(Step 2)**. Die Stängel ganz dicht an den Blättern abschneiden **(Step 3)**. Die Artischocken in eine Schüssel legen und mit Zitronensaft und so viel Wasser begießen, dass sie eben bedeckt sind.

3 Die Knoblauchzehen schälen und halbieren. In einem Topf 3/4 l Wasser und den Essig mit 2 EL Salz und dem Knoblauch aufkochen. Die abgetropften Artischocken hineingeben und erneut zum Kochen bringen. Dann 7–8 Min. weiterkochen lassen. Mit einem Schaumlöffel herausnehmen und gründlich abtropfen lassen.

4 Die übrigen Zitronen heiß abwaschen und in Scheiben schneiden. Artischockenherzen, Zitronenscheiben, Senfkörner und Lorbeerblätter in die Gläser schichten. Mit so viel Olivenöl aufgießen, dass sie gut bedeckt sind. Die Gläser sofort verschließen.

Eingelegte Auberginen

(im Bild rechts)

Zutaten für 2 Gläser (je ca. 350 ml):
500 g kleine Auberginen
6 Knoblauchzehen
150 ml Weißweinessig
60 g Zucker
3 kleine getrocknete Chilischoten

Zubereitungszeit: ca. 25 Min.
Haltbarkeit: 1–2 Monate
Pro Glas: ca. 85 kcal

1 Die Gläser vorbereiten (Seite 4). Die Auberginen waschen. Sehr kleine Früchte halbieren, größere in mundgerechte Stücke schneiden. Den Knoblauch schälen.

2 Essig, Zucker und Chilischoten mit 350 ml Wasser aufkochen und 5 Min. kochen lassen.

3 Auberginen und Knoblauch dazugeben und 3–5 Min. mitkochen lassen. Die Auberginen sollten nicht zu weich werden.

4 Die Chilischoten entfernen. Auberginen und Knoblauch in die Gläser füllen und mit der heißen Marinade ganz bedecken. Die Gläser sofort verschließen.

65

Besonders *clever!*

Die Auberginen können Sie zu einer würzigen **Auberginencreme** weiterverarbeiten, die mit frischem Fladenbrot eine feine, orientalische Vorspeise ergibt: Für 4 Portionen 4 Knoblauchzehen schälen und mit 300 g abgetropften eingelegten Auberginen und 100 g Tahin (Sesampaste) im elektrischen Mixer pürieren. Mit Salz, Pfeffer, 1/2 TL getrocknetem Oregano und eventuell Zitronensaft abschmecken.

gelingt leicht ## Pilze mit Balsamico

Zutaten für 2 Gläser (je ca. 3/4 l):
1 kg Champignons oder Egerlinge
4 Knoblauchzehen
4 Lorbeerblätter
4 Zweige frischer Rosmarin
1 Bund Basilikum
100 ml Aceto balsamico
Salz
4 EL Olivenöl
1 EL Kapern
4 getrocknete Chilischoten (nach Belieben)

Zubereitungszeit: ca. 40 Min.
Ruhezeit: ca. 2 Tage
Haltbarkeit: 3–4 Wochen
Pro Glas: ca. 140 kcal

1 Die Gläser vorbereiten (Seite 4). Die Pilze putzen und trocken abreiben. Die Knoblauch-zehen schälen. Die Kräuter waschen und trockenschütteln.

2 400 ml Wasser mit dem Knoblauch, den ganzen Kräutern, dem Aceto balsamico, 1 TL Salz und dem Olivenöl in einem Topf aufkochen. Die Pilze hineingeben und zu-gedeckt ca. 3 Min. darin kochen lassen. Dabei die Pilze ein- bis zweimal gründlich umrühren.

3 Die Pilze mit einem Schaumlöffel heraus-fischen und in die Gläser füllen. Kapern, Kräuter und nach Belieben ganze Chili-schoten hinzufügen.

4 Sud noch einmal aufkochen, dann über die Pilze gießen. Die Gläser verschließen und die Pilze ca. 2 Tage durchziehen lassen.

Würziger Blumenkohl und Brokkoli

Zutaten für 3 Gläser (je ca. 700 ml):
750 g Blumenkohl | 350 g Brokkoli | Salz
100 g Schalotten | 4 frische rote Chilischoten
2 Stängel Zitronengras | 750 ml Zitronenessig
100 g Zucker | 2 Lorbeerblätter

Zubereitungszeit: ca. 30 Min.
Haltbarkeit: ca. 2 Monate (kühl gestellt)
Pro Glas: ca. 100 kcal

1 Gläser vorbereiten (Seite 4). Blumenkohl und Brokkoli waschen, in Röschen teilen. Brokkolistiele schälen und klein schneiden.

2 4 l Wasser mit 1 EL Salz zum Kochen bringen. Brokkoli und Blumenkohl darin 5 Min. blanchieren, abgießen, dabei den Kochsud auffangen. Gemüse eiskalt abschrecken.

3 Schalotten schälen und vierteln. Chilis waschen, längs halbieren und entkernen. Zitronengras waschen, äußere Blätter entfernen, Wurzel-ansatz abschneiden. Stängel in 4 cm lange Stücke teilen. Essig, 3/4 l Kochsud, Zucker, Schalotten, Chilis, Zitronengras und Lorbeerblätter aufkochen und zugedeckt 5 Min. leise kochen lassen. Gemüse dazugeben, einmal aufkochen lassen und mit Sud in die Gläser füllen. Gläser sofort verschließen.

Besonders clever!

*Das Gemüse schmeckt gut als Einlage in einer **sauer-scharfen Gemüsesuppe**. Für 4 Portionen 50 g Glasnudeln in heißem Wasser einweichen. 1 Glas Blumenkohl und Brokkoli abtropfen lassen. 1 Knoblauchzehe und 1 Stück frischen Ingwer schälen, klein würfeln und in 1 EL Öl anbraten. 3/4 l Gemüsebrühe und das abgetropfte Gemüse dazugeben. Alles aufkochen. Abgetropfte Glasnudeln kurz mitkochen lassen. Suppe mit Sojasauce und eventuell etwas Gemüsesud abschmecken.*

Klassiker **Süß-saure Möhren**

(im Bild links)

Zutaten für 4 Gläser (je ca. 1/2 l):
2 kg möglichst gleich große Möhren
2 Bund Frühlingszwiebeln
2 Knoblauchzehen
4 kleine Lorbeerblätter | 2 TL Olivenöl
700 ml klarer Apfelsaft
700 ml Apfelessig
250 g Zucker | Salz
je 4 Stück Sternanis und Gewürznelken
10 Pimentkörner
1 EL Fenchel- oder Anissamen

Zubereitungszeit: ca. 2 Std. 30 Min.
Ruhezeit: 3 Tage + 3–4 Wochen
Haltbarkeit: ca. 4 Monate
Pro Glas: ca. 230 kcal

1 Möhren schälen und längs vierteln. Frühlingszwiebeln putzen. Knoblauch schälen und vierteln.

2 Knoblauch und Lorbeerblätter im Öl erhitzen, bis sie duften. Mit Apfelsaft und -essig ablöschen. Zucker, 1 TL Salz und die Gewürze unterrühren, aufkochen lassen. Möhren in den Sud legen, bei schwacher Hitze in 15–20 Min. bissfest garen. Ca. 1 Min. vor Ende der Garzeit die Frühlingszwiebeln mit dazugeben. Das Gemüse vom Herd nehmen und zugedeckt im Sud an einem kühlen Ort ca. 3 Tage durchziehen lassen.

3 Die Gläser vorbereiten (Seite 4). Möhren und Frühlingszwiebeln aus dem Sud heben. In der Länge so zurechtschneiden, dass sie aufrecht in die Gläser passen, und einschichten. Den Sud noch einmal kräftig aufkochen lassen. Über das Gemüse gießen; es muss vollständig davon bedeckt sein. Gläser sofort verschließen. Kühl und dunkel gestellt 3–4 Wochen durchziehen lassen.

süß-sauer **Eingelegter Möhrensalat**

(im Bild rechts)

Zutaten für 3–4 Gläser (je ca. 1/2 l):
500 g junge, kleine Möhren
250 g kleine, feste Champignons
Saft von 1 Zitrone
6 Stangen Staudensellerie
6 dünne Frühlingszwiebeln
2 Lorbeerblätter
1 Stängel frischer Salbei
1 EL weiße Pfefferkörner
1/2 l Weißweinessig
100 g Zucker
Salz

Zubereitungszeit: ca. 30 Min.
Ruhezeit: 2 Tage + 2 Monate
Haltbarkeit: ca. 4 Monate
Bei 4 Gläsern pro Glas: ca. 95 kcal

1 Die Gläser vorbereiten (Seite 4). Die Möhren schälen, mit einem scharfen Messer der Länge nach kleine Einkerbungen einschneiden. Die Champignons putzen, trocken abreiben und mit dem Zitronensaft beträufeln. Staudensellerie und Frühlingszwiebeln putzen, waschen und jeweils in die gleiche Länge wie die Möhren schneiden.

2 Alles mit den Lorbeerblättern, dem Salbei und den Pfefferkörnern in die Gläser schichten.

3 Den Weinessig mit 1/8 l Wasser und dem Zucker aufkochen. Nach Belieben mit Salz abschmecken. Den kochenden Sud über die Möhren gießen. Gläser sofort verschließen.

4 Nach 2 Tagen die Flüssigkeit abgießen, erneut aufkochen und wieder über den Salat geben. Die Gläser verschließen. Mindestens 2 Monate an einem kühlen und dunklen Ort durchziehen lassen.

macht was her **Spargel in Weinsud**

Zutaten für 3 hohe Gläser (je ca. 700 ml):
1 1/2 kg weißer Spargel
Salz
1/2 l Essig
1/4 l trockener Weißwein
50 g Zucker
1 EL schwarze Pfefferkörner
4 Zweige frischer Estragon

Zubereitungszeit: ca. 35 Min.
Haltbarkeit: ca. 4 Monate
   (kühl und dunkel aufbewahrt)
Pro Glas: ca. 105 kcal

1 Die Gläser vorbereiten (Seite 4). Den Spargel waschen, dünn schälen und die unteren Enden abschneiden. Die Spargelstangen auf gleiche Länge zurechtschneiden.

2 3/4 l Wasser zum Kochen bringen, knapp 1 EL Salz dazugeben. Den Spargel darin je nach Dicke 3–6 Min. blanchieren. Mit einem Schaumlöffel herausheben und abtropfen lassen.

3 Das Kochwasser bei starker Hitze um ca. die Hälfte reduzieren. Dann mit dem Essig, dem Weißwein, dem Zucker und den Pfefferkörnern mischen und wieder zum Kochen bringen.

4 Estragonzweige waschen, trockenschütteln und mit dem Spargel aufrecht in die Gläser schichten. Mit dem kochenden Sud übergießen. Die Gläser sofort verschließen.

aus Italien **Fenchel süß-sauer**

Zutaten für 3 Gläser (je ca. 700 ml):
1,5 kg kleine Fenchelknollen
Salz | 3/8 l Weißweinessig
200 g Rohrrohrzucker
150 g Schalotten
10 Knoblauchzehen
1 EL schwarze Pfefferkörner
3 Lorbeerblätter
3 Zweige frischer Thymian

Zubereitungszeit: ca. 35 Min.
Haltbarkeit: ca. 3 Monate
Pro Glas: ca. 180 kcal

1 Die Gläser vorbereiten (Seite 4). Reichlich Wasser zum Kochen bringen. Inzwischen den Fenchel putzen, das zarte Grün aufbewahren. Knollen und Grün waschen, die Knollen halbieren, das Grün trockentupfen und beiseite legen. Die Knollen in dem kochenden Salzwasser 10 Min. blanchieren, mit einem Schaumlöffel herausnehmen und gut abtropfen lassen.

2 Den Weinessig, 3/8 l Wasser, 1 Prise Salz und den Zucker zum Kochen bringen. Schalotten und Knoblauchzehen schälen. Zusammen mit den Pfefferkörnern in den Sud geben, aufkochen und 5 Min. kochen lassen.

3 Die Fenchelknollen, die Schalotten und die Knoblauchzehen gleichmäßig in die Gläser verteilen. In jedes Glas 1 Lorbeerblatt, 1 Stängel Thymian und etwas Fenchelgrün geben.

4 Den Sud nochmals aufkochen, heiß in die Gläser gießen. Gläser sofort verschließen. Fenchel kühl und dunkel aufbewahren. Angebrochene Gläser in den Kühlschrank stellen.

Tauschbörse
Wer Knoblauch in diesen Mengen nicht mag, gibt in jedes Glas 3 kleine getrocknete oder 1 frische rote **Chilischote**. Die getrockneten Schoten im Sud mitkochen.

scharf-sauer **Weißkohl-Zigarren**

(im Bild links)

Zutaten für ca. 30 Stück:
Salz / 1 kg Weißkohl
1 große rote Paprikaschote / 1 Frühlingszwiebel
2 frische rote Chilischoten
2 dünne Scheiben frischer Ingwer
3 EL Sesamöl / 2–3 EL Zucker / 2 EL weißer Essig

Zubereitungszeit: ca. 1 Std.
Ruhezeit: 4 Std.
Haltbarkeit: ca. 1 Woche
Pro Stück: ca. 20 kcal

1 Reichlich Salzwasser aufkochen. Inzwischen vom Weißkohl die groben Außenblätter entfernen. Kohl waschen und die restlichen Blätter sehr vorsichtig abtrennen. Die Blattrippen herausschneiden **(Step 1)**. Paprika waschen, halbieren, putzen und längs in schmale Streifen schneiden. Frühlingszwiebel waschen, putzen und in ca. 3 cm lange, dünne Streifen schneiden. Die Kohlblätter in dem kochenden Salzwasser portionsweise 2–3 Min. blanchieren. Gut abtropfen lassen.

2 Chilis putzen, waschen und in feine Ringe schneiden, dabei entkernen. Ingwer in dünne Streifen schneiden. Chiliringe in dem Sesamöl dunkelrot braten. Frühlingszwiebeln und Ingwer dazugeben. Alles kurz durchrühren, dann 150 ml Wasser dazugießen. Mit dem Zucker, dem Essig und Salz abschmecken.

3 Je einen Streifen Paprikaschote auf ein Kohlblatt legen und dieses vom dickeren Ende her so fest wie möglich aufrollen **(Step 2)**. Die fingerdicken »Zigarren« in eine weite Schüssel legen und schichtweise mit der Essigmarinade begießen **(Step 3)**. Einen passenden Teller auflegen, so dass die »Zigarren« in die Marinade gedrückt werden, den Teller beschweren. Die »Zigarren« mindestens 4 Std. durchziehen lassen.

süß-sauer **Lauch mit Möhren**

(im Bild rechts)

Zutaten für 4 Gläser (je ca. 600 ml):
1,5 kg dünne Stangen Lauch
1 kg junge Möhren
3/4 l Obstessig
75 ml Orangenlikör (ersatzweise
    naturtrüber Apfelsaft)
Salz
150 g Zucker
1 TL weiße Pfefferkörner
1 TL Gewürznelken
3–4 Lorbeerblätter

Zubereitungszeit: ca. 40 Min.
Ruhezeit: 12 Std. + 1 Woche
Haltbarkeit: ca. 8 Monate
Pro Glas: ca. 175 kcal

1 Lauch putzen, längs aufschlitzen, gründlich waschen und mit dem zarten Grün in ca. 2 cm lange Stücke schneiden. Die Möhren schälen, putzen und in ca. 1 cm große Stücke schneiden.

2 3/4 l Wasser mit Essig, Likör, etwas Salz, Zucker, Pfeffer, Nelken und Lorbeerblättern zum Kochen bringen. Lauch und Möhren mit der Marinade in einer Porzellanschüssel mischen. Ca. 12 Std. über Nacht ziehen lassen.

3 Am nächsten Tag Gläser vorbereiten (Seite 4). Das Gemüse in der Marinade aufkochen, dann ca. 5 Min. kochen lassen. In die Gläser füllen. Gläser sofort verschließen. Gemüse mindestens 1 Woche durchziehen lassen.

gelingt leicht **Scharfes Mischgemüse**

(im Bild links)

Zutaten für 3 Gläser (je ca. 400 ml):
350 g Champignons
300 g Möhren
300 g Staudensellerie
10 Schalotten
2–3 Knoblauchzehen
1/2 l Weinessig
5 kleine getrocknete Chilischoten
40 g Zucker
je 1 TL schwarze Pfeffer- und Senfkörner
3–4 Zweige Dill
3–4 Lorbeerblätter

Zubereitungszeit: ca. 45 Min.
Ruhezeit: mindestens 2 Wochen
Haltbarkeit: 3–4 Monate
Pro Glas: ca. 120 kcal

1 Die Gläser vorbereiten (Seite 4). Die Champignons putzen und trocken abreiben. Die Möhren schälen und in Scheiben schneiden. Den Sellerie waschen, putzen und in ca. 2 cm lange Stücke schneiden. Schalotten und Knoblauch schälen, die Schalotten halbieren, den Knoblauch in Stifte schneiden.

2 Den Weinessig und 1/4 l Wasser mit den Chilis, dem Zucker sowie den Pfeffer- und Senfkörnern einmal aufkochen. Die Pilze und das Gemüse hineingeben und bei schwacher Hitze 10 Min. leise kochen lassen.

3 In jedes Glas je 1 Dillzweig und 1 Lorbeerblatt geben. Das Gemüse mit einem Schaumlöffel aus dem Sud nehmen, in die Gläser verteilen. Den Sud noch einmal aufkochen lassen. Noch heiß über das Gemüse gießen, die Gläser sofort verschließen. Kühl und dunkel gestellt mindestens 2 Wochen durchziehen lassen. Angebrochene Gläser in den Kühlschrank stellen.

gut im Herbst **Kürbis mit Ingwer**

(im Bild rechts)

Zutaten für ca. 6 Gläser (je ca. 1/4 l):
ca. 1,5 kg Riesenkürbis (geputzt 1 kg)
1 Stück frischer Ingwer (ca. 2 cm)
1/4 l Weinessig
1 Msp. Cayennepfeffer
500 g Zucker

Zubereitungszeit: ca. 45 Min.
Ruhezeit: 24 Std.
Haltbarkeit: ca. 8 Monate
Pro Glas: ca. 345 kcal

1 Den Kürbis schälen und entkernen. Das Kürbisfleisch in 2 cm große Würfel schneiden. Den Ingwer schälen, in dünne Scheibchen schneiden und unter den Kürbis mischen. Den Essig mit dem Cayennepfeffer aufkochen und über den Kürbis gießen. Zugedeckt 24 Std. stehen lassen.

2 Die Gläser vorbereiten (Seite 4). Den Kürbis abgießen, den Essig dabei auffangen. Den Essig mit dem Zucker aufkochen. Kürbis und Ingwer dazugeben und 3–6 Min. kochen, bis die Kürbisstücke glasig sind. Noch heiß in die Gläser füllen. Sofort verschließen.

Variante

Kürbis schmeckt auch **süß-sauer** eingelegt sehr gut. Dazu 1/4 l Weißwein- oder Zitronenessig mit 1 Zimtstange, 5 Nelken und der abgeriebenen Schale von 1 unbehandelten Zitrone aufkochen. Den heißen Sud über die wie im Rezept oben vorbereiteten Kürbiswürfel gießen und alles 24 Std. ruhen lassen. Dann den Essig abgießen, mit 500 g Zucker aufkochen. Kürbis dazugeben und kochen, bis er glasig ist. Heiß in vorbereitete Gläser (Seite 4) füllen, diese sofort verschließen.

originell **Auberginen in Honigmarinade**

Zutaten für 2 Gläser (je ca. 1/2 l):
1 kg Auberginen
1 Stück frischer Ingwer (ca. 4 cm)
4 Knoblauchzehen
4 frische rote Chilischoten
350 ml Olivenöl
75 ml Weißweinessig
4 Lorbeerblätter
4 Gewürznelken
je 3 TL Senfkörner, Kreuzkümmel-
*   und Fenchelsamen*
Salz
150 g flüssiger Honig

Zubereitungszeit: ca. 45 Min.
Ruhezeit: mindestens 3 Wochen
Haltbarkeit: ca. 3 Monate
Pro Glas: ca. 345 kcal

1 Gläser vorbereiten (Seite 4). Auberginen waschen, abtrocknen, putzen und in Würfel schneiden. Ingwer und Knoblauch schälen und hacken. Chilischoten waschen, putzen, halbieren, kalt abspülen und sehr fein hacken.

2 Auberginen in 200 ml heißem Öl bei starker Hitze unter Rühren in ca. 10 Min. goldbraun braten. Die Hitze darf nicht zu schwach sein, sonst bildet sich zu viel Flüssigkeit, und die Auberginen werden nicht braun.

3 Auberginen in einer Schüssel mit dem Essig mischen und beiseite stellen.

4 Ingwer, Knoblauch, Chilischoten, Lorbeerblätter, Gewürznelken, Senfkörner, Kreuzkümmel- und Fenchelsamen in das verbliebene Bratöl geben und darin 2–3 Min. unter Rühren rösten. 4 TL Salz untermischen. Gewürzmischung über die Auberginen verteilen.

5 Das übrige Öl lauwarm erwärmen. Den Honig untermischen. Die Auberginenmasse in die vorbereiteten Gläser füllen und mit dem Honigöl bedecken. Verschließen und vor dem Öffnen mindestens 3 Wochen ziehen lassen.

Besonders clever!

*Dieses Gemüse schmeckt als extravagante Sauce zu **Nudeln** oder **Kartoffeln**, aber auch als Beilage zu **Braten** und anderen **Fleischgerichten** – wie beispielsweise zu knusprig gebratenen **Entenbrustfilets**: Für 4 Portionen 2 Entenbrustfilets mit Haut (je ca. 300 g) waschen, trockentupfen und mit wenig Salz und Pfeffer einreiben. 2 EL Öl in einer großen beschichteten Pfanne erhitzen und die Entenbrustfilets erst mit der Hautseite nach unten bei starker Hitze, dann mit der Fleischseite nach unten bei mittlerer Hitze je 4 Min. anbraten. Anschließend die Filets bei mittlerer Hitze von jeder Seite weitere 3 Min. braten. Das Fleisch beidseitig mit 2 EL Honig bestreichen und in 5 Min. fertig braten.*

Saucen & Pasten

Saucen und Pasten clever verwendet

Wer einmal ein Glas Chutney für ein Fondue geöffnet hat, kennt das Problem: Oft noch zu drei Vierteln voll, wandert das Glas in den Kühlschrank, steht dort wochenlang herum – und landet irgendwann verdorben im Abfalleimer. Wirklich schade, denn für Saucen und Pasten von Chutney bis Pesto gibt es außer den herkömmlichen noch viele andere Verwendungsmöglichkeiten. Hier einige Anregungen für den etwas anderen Genuss.

Chutneys

Chutneys schmecken zu indischen Gerichten natürlich besonders gut, würzen aber auch ganz Alltägliches. Probieren Sie ein Chutney beispielsweise einmal als **Brotaufstrich**. Das Mango-Chutney von Seite 95 ergibt mit einigen Tomaten- und Avocadoscheiben auf Brot einen wahrhaft exotischen Genuss. Auch mit **ausgebackenem Gemüse** lassen sich Chutneys aufs Feinste kombinieren: In Mehl gewendete und dann in Öl gebratene Auberginenscheiben erhalten etwa durch das Tomaten-Chutney von Seite 96 würzigen Pep. **Pfannkuchen** lassen sich mit Chutneys ebenfalls pikant veredeln.

Erdnuss-Sauce

Diese mexikanische Sauce (Seite 89) passt zu Fleisch, Geflügel und Fisch. Und natürlich zu gekauften oder selbst gemachten **Weizen-Tortillas**: Für ca. 8 Stück 175 g Weizenmehl und 1 TL Salz in eine Schüssel geben. Langsam und unter ständigem Rühren 100 ml lauwarmes Wasser dazugießen. Den Teig kneten, bis er geschmeidig ist und nicht mehr klebt. Zugedeckt 15 Min. ruhen lassen. In acht gleich große Stücke teilen, diese auf wenig Mehl zu dünnen kreisrunden Fladen von ca. 15 cm Durchmesser ausrollen. Eine beschichtete Pfanne ohne Fett erhitzen und die Tortillas darin nacheinander bei mittlerer Hitze von jeder Seite ca. 1 Min. backen. Die Tortillas mit Erdnuss-Sauce bestreichen und z. B. in Fleischbrühe gegartes Schweinefilet in mundgerechten Stücken darin einwickeln.

Pesto

Keine Frage, Pesto schmeckt genial zu Spaghetti und allen anderen langen Nudeln. Aber es hat durchaus noch mehr Geschmackstalente zu bieten. Nehmen Sie Pesto z. B. einmal zum **Überbacken** von Sardinen. Oder rühren Sie es unter Frischkäse und verwenden es als **Brotaufstrich**. Auch gut: Pur auf getoastetes Brot streichen und mit Tomaten- und Schafkäsewürfelchen bestreuen. In einem **Salatdressing** macht sich Pesto ebenfalls fein (Tipp Seite 85). Und nicht zuletzt schmeckt es nicht nur an, sondern auch in Nudeln: Kneten Sie es unter einen **Nudelteig**.

Relishes

Relishes sind in England traditionelle Beigabe zu Fleisch oder Fisch, eignen sich aber ebenso wie Chutneys hervorragend als **Brotaufstrich**. Das Gurken-Relish (Seite 99) in Kombination mit 1 oder 2 Scheiben Räucherlachs oder pur auf Vollkornbrot liefert den Beweis. Aber auch das Tomaten-Relish (Seite 99): Aufs Brot streichen, 1 Scheibe kalten Braten darauf – fertig ist ein Sandwich der Extraklasse.

Romesco

Romesco (Seite 87) ist eine Spezialität aus Spanien, wo man die Sauce warm oder kalt zu gedünstetem oder gebratenem Fleisch oder Fisch reicht. Sie ist aber auch interessante **Würze** für eine rassige Tomatensauce. Und schmeckt wie Pesto gut auf getoastetem Brot. Wer Romesco unter krümelig gebratenes Hackfleisch rührt, hat eine prima **Füllung** für Blätterteigtäschchen.

Klassiker **Feiner Senf**

Zutaten für 3 Gläser (je ca. 175 ml):
je 2 Zwiebeln und Knoblauchzehen
1 säuerlicher Apfel
1/2 l Apfelessig
einige Gewürznelken
2–3 Lorbeerblätter
einige Salbeiblätter
1 TL weiße Pfefferkörner
je 65 g feines braunes und
   gelbes Senfmehl
Salz

Zubereitungszeit: ca. 45 Min.
Ruhezeit: 2–3 Tage
Haltbarkeit: ca. 6 Monate
Pro Glas: ca. 260 kcal

1 Die Gläser vorbereiten (Seite 4). Zwiebeln und Knoblauch schälen und halbieren. Den Apfel schälen und putzen. Zwiebeln, Knoblauch und Apfel mit Essig, Nelken, Lorbeer- und Salbeiblättern sowie Pfefferkörnern in einen Topf geben und zum Kochen bringen. Die Mischung bei mittlerer Hitze zugedeckt ca. 15 Min. leise kochen lassen.

2 Beide Senfmehle mit 1 TL Salz in eine Schüssel geben. Die kochend heiße Essigmischung durch ein Sieb dazugießen, dabei ständig rühren. Die Mischung ca. 5 Min. durchrühren, dann abkühlen lassen. Den Senf in die Gläser füllen und gut verschließen. 2–3 Tage ruhen lassen.

Clever einkaufen
Senfmehl bekommen Sie auf größeren Märkten am Gewürzstand, in Reformhäusern und in gut sortierten Lebensmittelgeschäften.

Spezialität aus Bayern **Süßer Senf**

Zutaten für 4 Gläser (je ca. 200 ml):
300 g gelbe Senfkörner
1 EL schwarze Pfefferkörner | 1 TL Pimentkörner
300 g brauner Zucker | 375 ml Weinessig
Salz (nach Belieben)

Zubereitungszeit: ca. 20 Min.
Haltbarkeit: ca. 6 Wochen
Pro Glas: ca. 670 kcal

1 Die Gläser vorbereiten (Seite 4). Die Senf-, Pfeffer- und Pimentkörner im elektrischen Mixer mittelfein bis fein zerkleinern, dann mit dem Zucker mischen. Den Weinessig einmal aufkochen lassen und sofort in einem dünnen Strahl unter die Gewürzmischung rühren. Das geht am schnellsten wiederum im Mixer.

2 Den Senf nach Belieben salzen und in die Gläser füllen. Diese gut verschließen und am besten im Kühlschrank aufbewahren. 30 Min. vor dem Servieren herausnehmen.

Besonders *clever!*

Süßer Senf schmeckt natürlich zu Weißwürsten, ist aber auch eine feine Würze für **Frikadellen***: Für 4–6 Portionen 1 altbackenes Brötchen in dünne Scheiben schneiden und in heißem Wasser einweichen. Je 2 Zwiebeln und Knoblauchzehen schälen und fein hacken. 1 Bund Petersilie waschen, trockenschütteln und fein hacken. Zwiebeln, Knoblauch und Petersilie in 1 EL Olivenöl andünsten, abkühlen lassen. 500 g gemischtes Hackfleisch mit dem ausgedrückten Brötchen, der Zwiebel-Petersilien-Mischung, und 2 Eiern verkneten. Mit 1 EL abgeriebener unbehandelter Zitronenschale, 1 TL edelsüßem Paprikapulver, Salz und Pfeffer würzen. Aus dem Teig kleine Kugeln formen, diese flach drücken. Die Frikadellen in Butterschmalz bei mittlerer Hitze auf jeder Seite in ca. 6 Min. knusprig braten.*

81

gelingt leicht **Meerrettichsauce mit Äpfeln**

(im Bild vorne)

Zutaten für 3 Gläser (je ca. 300 ml):
500 g säuerliche Äpfel (z. B. Boskop)
150 g Zucker
1/8 l trockener Weißwein
   (ersatzweise ungesüßter Apfelsaft)
ca. 60 ml Zitronensaft
ca. 60 ml Weißweinessig
1 Stange Meerrettich
Salz (nach Belieben)

Zubereitungszeit: ca. 50 Min.
Haltbarkeit: ca. 4 Wochen
   (kühl und dunkel aufbewahrt)
Pro Glas: ca. 320 kcal

1 Die Gläser vorbereiten (Seite 4). Die Äpfel schälen und achteln, dabei die Kerngehäuse entfernen. Die Apfelstücke mit dem Zucker vermischen und bei nicht zu starker Hitze langsam zum Kochen bringen, dabei gelegentlich umrühren. Zugedeckt 15 Min. weich dünsten.

2 Die Äpfel durch ein Sieb streichen, mit dem Wein, dem Zitronensaft und dem Essig mischen. Die Mischung unter Rühren in ca. 15 Min. dicklich einkochen lassen.

3 Inzwischen die Meerrettichstange abbürsten, schälen und fein reiben. Mit dem noch heißen Apfelmus mischen und alles nach Belieben mit Salz würzen. Die Sauce sofort in die Gläser füllen und diese verschließen. Angebrochene Gläser in den Kühlschrank stellen.

Clever genießen

Pur oder mit steif geschlagener Sahne vermischt krönt die Meerrettichsauce **Tafelspitz**, **Karpfen** und **Forelle blau** oder **Räucherfisch**.

Klassiker **Tomatenketchup**

(im Bild hinten)

Zutaten für 5 Flaschen (je ca. 1/4 l):
3 kg vollreife Tomaten (am besten Eiertomaten)
500 g Zwiebeln
3 Knoblauchzehen
250 g Knollensellerie | 6 EL Öl
ca. 200 g brauner Zucker | Salz
1 EL edelsüßes Paprikapulver
ca. 200 ml Rotweinessig
weißer Pfeffer
Cayennepfeffer

Zubereitungszeit: ca. 3 Std.
Haltbarkeit: ca. 3 Monate (kühl aufbewahrt)
Pro Flasche: ca. 340 kcal

1 Tomaten waschen und grob zerkleinern, dabei die Stielansätze entfernen. Zwiebeln, Knoblauch und Sellerie schälen und grob würfeln. Das Gemüse in dem Öl andünsten. 150 g Zucker, knapp 1 EL Salz, das Paprikapulver und 150 ml Essig hinzufügen. Alles offen bei mittlerer Hitze ca. 40 Min. leise kochen lassen.

2 Die Flaschen vorbereiten (Seite 4). Die Tomatenmasse durch ein Sieb streichen. In den Topf zurückgießen und offen bei mittlerer Hitze unter gelegentlichem Rühren in 1–1 1/2 Std. dicklich einkochen lassen.

3 Tomatenketchup mit Essig, Salz, Pfeffer, wenig Cayennepfeffer und nach Belieben noch etwas Zucker abschmecken. Kochend heiß in die Flaschen füllen und sofort verschließen. Angebrochene Flaschen im Kühlschrank aufbewahren.

Varianten

Für **Hot Ketchup** noch 5–6 frische rote Chilischoten mitkochen. Für **Curry-Ketchup** statt Paprikapulver 3 EL Currypulver und 2 TL fein gehackten Ingwer mitdünsten.

84

schnell **Pesto**

Zutaten für 1 Glas (ca. 200 ml):
3 Bund Basilikum
3 Knoblauchzehen
Salz
Pfeffer
3 EL Pinienkerne
3 EL frisch geriebener Parmesan
3 EL frisch geriebener Pecorino
8 EL Olivenöl (+ Olivenöl zum Bedecken)

Zubereitungszeit: ca. 20 Min.
Haltbarkeit: ca. 3 Wochen (Oberfläche mit Öl
    bedeckt und im Kühlschrank aufbewahrt)
Insgesamt: ca. 1030 kcal

1 Das Glas vorbereiten (Seite 4). Das Basilikum waschen und trockenschütteln, die Blätter abzupfen. Den Knoblauch schälen und grob hacken.

2 Das Basilikum, den Knoblauch, Salz, Pfeffer, die Pinienkerne und den Käse im elektrischen Mixer oder mit dem Pürierstab pürieren. Nach und nach das Öl dazugießen, so dass eine glatte, sämige Paste entsteht.

3 Das Pesto in das Glas füllen, glatt streichen und die Oberfläche mit Öl bedecken, dann gut verschließen und kalt stellen.

Tauschbörse
Pesto schmeckt nicht nur mit Basilikum! Sondern beispielsweise auch mit 1 Bund **Rucola** oder mit **Bärlauch**. 10 in Öl eingelegte **getrocknete Tomaten** machen sich ebenfalls sehr gut. Dann zusätzlich noch 1 getrocknete Chilischote mitpürieren.

Petersilien-Mandel-Pesto

Zutaten für 2 Gläser (je ca. 150 ml):
40 g geschälte Mandeln
3–4 große Bund glatte Petersilie
2–3 Knoblauchzehen
50 g frisch geriebener Parmesan
Salz
150 ml Olivenöl (+ Olivenöl zum Bedecken)
schwarzer Pfeffer

Zubereitungszeit: ca. 40 Min.
Haltbarkeit: 3–4 Wochen (Oberfläche mit Öl
    bedeckt und im Kühlschrank aufbewahrt)
Pro Glas: ca. 670 kcal

1 Die Gläser vorbereiten (Seite 4). Die Mandeln grob hacken. In einer beschichteten Pfanne ohne Fett unter Rühren rösten, bis sie leicht Farbe annehmen. Abkühlen lassen.

2 Die Petersilie waschen und trockenschütteln, die Blätter abzupfen. Den Knoblauch schälen und vierteln.

3 Petersilie, Mandeln, Knoblauch, Käse, 1/2 TL Salz und gut 100 ml Olivenöl im elektrischen Mixer oder mit dem Pürierstab pürieren. Nach und nach noch so viel Öl dazugießen, dass eine glatte, sämige Paste entsteht. Pesto mit Salz und Pfeffer abschmecken. In die Gläser füllen, glatt streichen und die Oberfläche mit Öl bedecken. Gut verschließen und kalt stellen.

Besonders clever!

*Pesto schmeckt gut zu **Spaghetti** und eignet sich auch für ein feines **Salatdressing**:
Für 4 Portionen 4 EL Aceto balsamico,
2 EL Gemüsebrühe und 1/2 TL mittelscharfen
Senf vermischen. Nach und nach 4 TL Olivenöl unterrühren. 1 geschälte Knoblauchzehe dazupressen, alles mit Salz und Pfeffer abschmecken. Zum Schluss etwas Pesto unterrühren.*

Schwarze Knoblauch-Olivensauce

(im Bild vorne)

Zutaten für 1 Glas (ca. 200 ml):
3 Knoblauchzehen
1 EL Olivenöl (+ Olivenöl zum Bedecken)
200 g entsteinte schwarze Oliven
Salz | Pfeffer
1 TL frischer Thymian
   (oder 1/2 TL getrockneter)
Zitronensaft zum Abschmecken

Zubereitungszeit: ca. 15 Min.
Kühlzeit: 1 Std.
Haltbarkeit: ca. 4 Wochen
   (Oberfläche mit Öl bedeckt
   und im Kühlschrank aufbewahrt)
Insgesamt: ca. 320 kcal

1 Das Glas vorbereiten (Seite 4). Den Knoblauch schälen, durch die Presse drücken und in dem Öl goldgelb andünsten.

2 Die Oliven grob hacken und dazugeben. Heiß werden lassen, dann die Mischung im elektrischen Mixer oder mit dem Pürierstab fein zerkleinern.

3 Die Sauce mit Salz, Pfeffer, dem Thymian und etwas Zitronensaft abschmecken und abkühlen lassen. In das Glas füllen, glatt streichen, die Oberfläche mit Öl bedecken.

Variante

Für eine kulinarische Reise in die Provence: **provenzalische Tapenade**. Für 1 Glas (300 ml) 200 g entsteinte schwarze Oliven und 4 Sardellen in Öl pürieren. 60 g Kapern dazugeben und nochmals pürieren. Nach und nach 100 ml Olivenöl unterschlagen. Mit 1 TL mittelscharfem Senf und Pfeffer würzen. Die Tapenade in ein vorbereitetes Glas (Seite 4) füllen, mit 2 EL Olivenöl bedecken, das Glas sofort verschließen.

Romesco

(im Bild hinten)

Zutaten für 1 Glas (ca. 200 ml):
1 große Fleischtomate
1 rote Paprikaschote
1/8 l Olivenöl
6 Knoblauchzehen
2 EL gemahlene Mandeln
1 EL Paniermehl
Salz | Pfeffer
1 Prise rosenscharfes Paprikapulver
1 Bund glatte Petersilie

Zubereitungszeit: ca. 40 Min.
Haltbarkeit: ca. 1 Woche (kühl aufbewahrt)
Insgesamt: ca. 945 kcal

1 Das Glas vorbereiten (Seite 4). Die Tomate überbrühen, häuten, entkernen und klein hacken, dabei den Stielansatz entfernen. Die Paprikaschote waschen, halbieren, putzen und sehr klein würfeln.

2 Die Paprikaschote und die Tomate in dem Öl andünsten. Den Knoblauch schälen und dazudrücken. Alles ca. 20 Min. bei mittlerer Hitze schmoren, bis sich alle Zutaten gut verbunden haben.

3 Das Gemüse mit den Mandeln und dem Paniermehl im elektrischen Mixer oder mit dem Pürierstab pürieren, mit Salz, Pfeffer und dem Paprikapulver kräftig abschmecken.

4 Die Petersilie waschen, trockenschütteln, ohne die groben Stiele fein hacken und untermischen. Romesco in das Glas füllen und dieses gut verschließen.

88

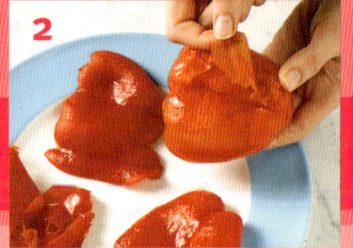

würzig Erdnuss-Sauce

(im Bild links)

Zutaten für 2–3 Gläser (je ca. 1/4 l):
2 große rote Paprikaschoten (ca. 400 g)
3 kleine getrocknete Chilischoten
4 Knoblauchzehen
1 kleine Zwiebel
2 EL Öl | 300 g ungesalzene Erdnusskerne
200 ml Hühnerbrühe
Salz | Pfeffer
1 EL gehackte Erdnusskerne

Zubereitungszeit: ca. 1 Std.
Haltbarkeit: 2–3 Wochen
Bei 3 Gläsern pro Glas: ca. 805 kcal

1 Die Gläser vorbereiten (Seite 4). Den Backofen auf 250° vorheizen. Die Paprikaschoten auf dem Rost in den Backofen (Mitte, Umluft 220°) geben und ca. 20 Min. braten, bis die Haut Blasen wirft **(Step 1)**. Herausnehmen, etwas abkühlen lassen, häuten **(Step 2)**, halbieren, putzen und das Fruchtfleisch grob zerschneiden.

2 Inzwischen die Chilischoten in einer beschichteten Pfanne ohne Fett kräftig rösten, herausnehmen und beiseite stellen. Den Knoblauch und die Zwiebel schälen, die Zwiebel in Ringe schneiden. 1 EL Öl erhitzen und beides darin ca. 3–6 Min. weich dünsten.

3 Die Paprikaschoten mit den Chilis, der Zwiebel-Knoblauch-Mischung, den Erdnüssen und mit dem restlichen Öl im elektrischen Mixer oder mit dem Pürierstab pürieren **(Step 3)**.

4 Das Püree in einen Topf geben, die Hühnerbrühe dazugießen, langsam aufkochen lassen und ca. 5 Min. leise kochen lassen, dabei öfter umrühren. Die Sauce mit Salz und Pfeffer kräftig abschmecken, die gehackten Erdnüsse untermischen. Kochend heiß in die Gläser füllen und sofort verschließen.

preiswert Tomatensauce mit Koriander

(im Bild rechts)

Zutaten für 2 Gläser (je ca. 1/4 l):
750 g Eiertomaten
2 mittelgroße Zwiebeln
1 kleine frische grüne Chilischote
1 Bund frischer Koriander
1 EL Butter
2 EL Öl
Salz
Pfeffer
Zucker

Zubereitungszeit: ca. 50 Min.
Einkochzeit: ca. 45 Min.
Haltbarkeit: ca. 6 Monate
   (kühl und dunkel aufbewahrt)
Pro Glas: ca. 185 kcal

1 Die Gläser vorbereiten (Seite 4). Die Tomaten waschen und klein schneiden, dabei die Stielansätze entfernen. Tomaten in einem Sieb abtropfen lassen. Die Zwiebeln schälen und fein hacken.

2 Die Chili waschen, putzen, längs aufschlitzen, entkernen und ebenfalls fein hacken. Den Koriander waschen und trockenschütteln. Die Blättchen abzupfen und beiseite legen, die Stängel aufheben.

3 Die Butter mit dem Öl in einem großen Topf erhitzen und die Zwiebeln darin glasig dünsten. Chili, Korianderstängel und die Tomaten dazugeben, alles bei schwacher Hitze 30 Min. schmoren.

4 Die Masse durch ein Sieb streichen. Die Korianderblättchen hacken und untermischen. Alles mit Salz, Pfeffer und Zucker abschmecken. In die Gläser füllen, verschließen und 45 Min. einkochen (Seite 4).

fernöstlich **Süß-saure Pflaumensauce**

Zutaten für 5 Gläser (je ca. 200 ml):
1 kg reife blaue Pflaumen
1 Stück frischer Ingwer (ca. 3 cm)
2 kleine Knoblauchzehen
100 g brauner Zucker
2–3 frische kleine rote Chilischoten
3 EL Fischsauce (Asienladen)
1 TL Terasi (Garnelenpaste, Asienladen)
6–7 EL Weißweinessig
Salz / Zucker zum Abschmecken

Zubereitungszeit: ca. 1 Std.
Haltbarkeit: 2–3 Monate (kühl aufbewahrt)
Pro Glas: ca. 190 kcal

1 Die Gläser vorbereiten (Seite 4). Die Pflaumen waschen, entsteinen und grob zerkleinern.
Den Ingwer und den Knoblauch schälen und
sehr fein hacken.

2 Den Zucker und 50 ml Wasser aufkochen
lassen. Pflaumen, Ingwer und Knoblauch
einrühren. Zugedeckt bei mittlerer Hitze ca.
30 Min. leise kochen lassen, bis die Pflaumen
zerfallen, anschließend alles pürieren.

3 Die Chilischoten waschen, putzen und
sehr fein schneiden. Mit der Fischsauce
und der Garnelenpaste in die Sauce rühren.

4 Die Pflaumensauce mit dem Essig, Salz und
Zucker süß-sauer abschmecken. Kochend
heiß in vorbereitete Gläser füllen und sofort
fest verschließen.

Clever genießen

Dazu schmecken gebratene **Garnelen, Früh-
lingsrollen,** knusprige **Rippchen** und gebratene
Entenbrustfilets (Rezept Tipp Seite 77).

Chilisauce

Zutaten für 1 Glas (ca. 100 ml):
2 Knoblauchzehen
4 EL Fischsauce (Asienladen)
2 EL Zitronensaft
1 EL Palmzucker (Asienladen;
  ersatzweise brauner Zucker)
1 EL Chilipulver

Zubereitungszeit: ca. 10 Min.
Haltbarkeit: 1–2 Wochen
Insgesamt: ca. 135 kcal

1 Das Glas vorbereiten (Seite 4). Den Knoblauch schälen und im Mörser zerstampfen.

2 Die Fischsauce, den Zitronensaft, den Palmzucker und das Chilipulver dazugeben. So lange verrühren, bis sich der Zucker gelöst hat.

3 Die Sauce in das Glas füllen. Das Glas gut verschließen und kühl stellen.

Besonders clever!

Die Chilisauce schmeckt hervorragend zu **thailändischem Reis mit Ananas**: *Für 4 Personen 2 Zwiebeln schälen und würfeln. 2 Tomaten waschen und ebenfalls würfeln, dabei die Stielansätze entfernen. 1 Dose Ananasstücke (580 g) abtropfen lassen. 3 Knoblauchzehen schälen, fein hacken und in 3 El Öl goldgelb braten. Zwiebeln dazugeben, 1 Min. mitbraten. Dann Tomaten, Ananasstücke, 3 El Rosinen und 750 g gekochten Reis dazugeben und unter Rühren heiß werden lassen. Mit 2 EL Fischsauce und 1 TL Zucker würzen.*

91

Scharfe Ingwersauce

(im Bild links)

Zutaten für 3 Gläser (je ca. 200 ml):
5 Knoblauchzehen
100 g frischer Ingwer
300 g frische rote Chilischoten
300 g Zucker
1/4 l Reisessig (Asienladen;
** ersatzweise milder Obstessig)**
Salz

Zubereitungszeit: ca. 1 Std. 15 Min.
Haltbarkeit: ca. 6 Monate
Pro Glas: ca. 460 kcal

1 Die Gläser vorbereiten (Seite 4). Den Knoblauch und den Ingwer schälen und sehr fein hacken.

2 Die Chilischoten waschen, trockentupfen und putzen. Dann mit einem Wiegemesser portionsweise fein zerkleinern.

3 Knoblauch, Ingwer und Chilischoten mit Zucker, Essig und ca. 300 ml Wasser in einen Topf geben. Salzen und zum Kochen bringen. Die Sauce zugedeckt bei mittlerer Hitze ca. 30 Min. kochen lassen, bis sie leicht sämig ist. Dabei immer wieder umrühren. Die Sauce kochend heiß in die Gläser füllen und gut verschließen.

Clever einkaufen

Frischen **Ingwer** gibt es in jedem Supermarkt. Die Wurzeln sollten prall und fest, nie schrumpelig sein. Zur Aufbewahrung in Zeitungspapier wickeln und in das Gemüsefach des Kühlschranks legen. So bleiben sie ca. 2 Wochen lang frisch.

Sambal oelek

(im Bild rechts)

Zutaten für 1 Glas (ca. 75 ml):
10 frische rote Chilischoten
4 EL Sonnenblumenöl | Salz

Zubereitungszeit: ca. 15 Min.
Haltbarkeit: ca. 2 Wochen
  (im Kühlschrank aufbewahrt)
Insgesamt: ca. 375 kcal

1 Das Glas vorbereiten (Seite 4). Chilis waschen, mit den Kernen in grobe Ringe schneiden, dabei die Stiele entfernen. Anschließend Hände gründlich waschen. Chilis mit dem Öl und Salz im elektrischen Mixer zu einer dicken Paste pürieren.

2 Die Paste in einem Pfännchen unter ständigem Rühren ca. 10 Min. erhitzen, bis sich Öl auf der Oberfläche absetzt. Abkühlen lassen.

Besonders clever!

*Sambal oelek verpasst einem asiatischen **Rindergeschnetzelten** die richtige Würze: Für 4 Portionen 4 EL gepresste Tamarinde (Asienladen) in 300 ml heißem Wasser ca. 10 Min. einweichen. 2 Knoblauchzehen schälen, durchdrücken. 6 Kaffir-Limettenblätter in sehr feine Streifen schneiden. 2 Bund Frühlingszwiebeln waschen, putzen, in 3 cm lange Stücke schneiden. Eingeweichte Tamarinde fein pürieren, durch ein Sieb streichen. Mit dem Knoblauch und 4 EL braunem Zucker verrühren. 600 g Rinderlende in 1/2 cm dicke Streifen schneiden. In 4 EL Öl bei starker Hitze 2 Min. braten, salzen. Tamarindensauce dazugießen, Limettenblätter und Frühlingszwiebeln untermischen. Alles zugedeckt bei schwacher Hitze 3 Min. schmoren lassen. Mit Salz und 2 TL Sambal oelek würzen.*

94

gelingt leicht **Mango-Chutney**

(im Bild vorne)

Zutaten für 2 Gläser (je ca. 200 ml):
2 Mangos (500 g)
1 EL Zitronensaft
1 Zwiebel | 4 Knoblauchzehen
30 g frischer Ingwer
1 Stängel Zitronengras
2 frische rote Chilischoten
150 g Zucker
je 1 TL Pfeffer-, Piment- und
  Korianderkörner
grobes Salz
1 1/2 EL Essigessenz

Zubereitungszeit: ca. 40 Min.
Haltbarkeit: ca. 1 Monat (kühl aufbewahrt)
Pro Glas: ca. 450 kcal

1 Die Gläser vorbereiten (Seite 4). Die
Mangos schälen. Das Fruchtfleisch von den
Steinen schneiden, würfeln (**Step 1**) oder in
dünne Spalten schneiden und mit Zitronen-
saft beträufeln. Zwiebel, Knoblauch und
Ingwer schälen und hacken. Zitronengras
waschen, die äußeren Blätter entfernen,
Wurzelansatz und oberen Teil abschneiden.
Stängel fein hacken. Die Chilis waschen,
putzen und fein schneiden.

2 Den Zucker mit 1 EL Wasser in einem Topf
erhitzen, bis der Zucker brodelt (**Step 2**).
Zwiebel, Knoblauch, Ingwer, Zitronengras
und Chilis dazugeben und bei schwacher
Hitze ca. 5 Min. schmoren. Die Mangostücke
dazugeben und weitere 5 Min. schmoren.

3 Die Gewürze mit etwas Salz im Mörser
möglichst fein zerstoßen (**Step 3**) und
dazugeben. Die Essigessenz untermischen und
aufkochen lassen. Das Chutney noch heiß in
Gläser füllen und gut verschließen. Kalt stellen.

Klassiker **Kürbis-Chutney**

(im Bild hinten)

Zutaten für 4 Gläser (je ca. 350 ml):
ca. 1,5 kg Riesenkürbis
  (geputzt 1 kg)
300 g rote Zwiebeln
5 Knoblauchzehen
100 g Sultaninen
1 EL Senfkörner
1 EL Sojaöl
2 Lorbeerblätter
2 Stück Sternanis
Salz
400 ml Obstessig
250 g Rohrohrzucker
1 EL Zitronensaft

Zubereitungszeit: ca. 1 Std. 30 Min.
Haltbarkeit: ca. 1 Monat (kühl aufbewahrt)
Pro Glas: ca. 405 kcal

1 Die Gläser vorbereiten (Seite 4). Den Kürbis
schälen und entkernen. Das Kürbisfleisch in
ca. 1,5 cm große Würfel schneiden. Die Zwiebeln und den Knoblauch schälen und klein
würfeln. Die Sultaninen waschen.

2 Die Senfkörner und die Zwiebeln in dem Öl
1 Min. anbraten. Den Kürbis, die Sultaninen,
den Knoblauch, die Lorbeerblätter, den
Sternanis, 1 TL Salz und Essig hinzufügen
und alles vermischen.

3 Die Mischung zum Kochen bringen, dann
offen 45 Min. leise kochen lassen, ab und
zu umrühren.

4 Den Zucker und den Zitronensaft unterrühren. Alles weitere 15 Min. offen leise
kochen lassen. Das Chutney in die Gläser
füllen und diese sofort verschließen. Das
Chutney kalt stellen.

gelingt leicht **Tomaten-Chutney**

Zutaten für 3 Gläser (je ca. 150 ml):
6 kleine reife Tomaten
1 Stück frischer Ingwer (ca. 3 cm)
100 g Rosinen / 5 EL Zucker
1/2 TL Kurkumapulver / Salz
1 TL indische Fünf-Gewürz-Mischung
  (Asienladen) / 2 TL Butterschmalz
je 1 TL Fenchel- und Kreuzkümmelsamen
Saft von 1/2 Zitrone

Zubereitungszeit: ca. 40 Min.
Kühlzeit: 1 Std.
Haltbarkeit: ca. 1 Monat (kühl aufbewahrt)
Pro Glas: ca. 200 kcal

1 Die Gläser vorbereiten (Seite 4). Die Tomaten waschen und vierteln oder achteln und die Stielansätze entfernen. Den Ingwer schälen und fein reiben. Rosinen waschen und trockentupfen.

2 Tomaten, Ingwer, Rosinen und Zucker in einen Topf geben und bei schwacher Hitze ca. 10 Min. sämig einkochen lassen, bis die Tomaten weich sind. Kurkuma und reichlich Salz dazugeben, alles zugedeckt bei mittlerer Hitze ca. 5 Min. kochen lassen.

3 Fünf-Gewürz-Mischung in dem Butterschmalz bei mittlerer Hitze kurz anbraten und über die Tomaten gießen. Gut verrühren.

4 Fenchel- und Kreuzkümmelsamen in einer Pfanne ohne Fett bei mittlerer Hitze unter Rühren kurz anrösten. Abkühlen lassen und im Mörser fein zerstoßen. Die Mischung über das Chutney streuen und gut verrühren. Zitronensaft einrühren, Chutney vom Herd nehmen, in die Gläser füllen und gut verschließen.

macht was her # Pflaumen-Chutney

Zutaten für 4–6 Gläser (je ca. 450 ml):
750 g Pflaumen
250 g Äpfel
250 g Zwiebeln
200 g Rosinen
125 g Zucker
175 ml Weinessig
Salz
1/2 TL gemahlener Piment
1 TL gemahlener Ingwer
1 Msp. Cayennepfeffer

Zubereitungszeit: ca. 2 Std.
Haltbarkeit: ca. 1 Monat (kühl aufbewahrt)
Bei 6 Gläsern pro Glas: ca. 275 kcal

1 Die Gläser vorbereiten (Seite 4). Die Pflaumen waschen, halbieren und entsteinen. Die Äpfel schälen und vierteln, dabei die Kerngehäuse entfernen. Pflaumen und Äpfel in mittelgroße Würfel schneiden.

2 Die Zwiebeln schälen und in kleine Würfel schneiden. Pflaumen, Äpfel und Zwiebeln in einen großen, breiten Topf geben.

3 Die Rosinen, den Zucker, den Weinessig, 1 TL Salz und die Gewürze dazugeben und alles gut durchmischen.

4 Die Mischung zum Kochen bringen und bei schwacher Hitze ca. 1 Std. dicklich einkochen lassen. Dabei gelegentlich umrühren. Das kochend heiße Chutney in die Gläser füllen und sofort gut verschließen.

Tauschbörse

Statt der Äpfel schmecken auch **Birnen** in dem Chutney. Oder Sie tauschen die Pflaumen gegen **Aprikosen**. Bei den Gewürzen können Sie ebenfalls experimentieren: Würzen Sie beispielsweise einmal mit gemahlenen **Gewürznelken** oder **Zimtpulver**.

macht was her **Gurken-Relish**

(im Bild hinten)

Zutaten für 2 Gläser (je ca. 400 ml):
1 große Salatgurke (ca. 700 g)
300 g rote Zwiebeln
200 g brauner Zucker
Salz | 1/4 l Weißweinessig
1 TL Dillsamen
1/2 EL grüner Pfeffer
2–3 EL englisches Senfpulver

Zubereitungszeit: ca. 1 Std. 30 Min.
Haltbarkeit: ca. 6 Monate
Pro Glas: ca. 510 kcal

1 Die Gläser vorbereiten (Seite 4). Die Gurke schälen und der Länge nach halbieren. Die Kerne mit einem Löffel herauslösen. Die Gurke so fein wie möglich würfeln. Die Zwiebeln schälen und sehr fein hacken.

2 Die Gurke, die Zwiebeln und den Zucker in einem Topf mischen. Salz, den Essig, Dillsamen, grünen Pfeffer und 2 EL Senfpulver hinzufügen und alles zum Kochen bringen.

3 Das Relish bei mittlerer Hitze zugedeckt ca. 50 Min. leise kochen lassen, bis es dickflüssig ist und die Zwiebeln musig werden. Nach Belieben noch mit Salz und Senfpulver abschmecken, dann in die Gläser füllen und sofort verschließen.

Variante
Statt der Salatgurke ca. 400 g rote, in Würfel geschnittene **Paprikaschoten** nehmen und die Dillsamen und das englische Senfpulver weglassen. Würzen Sie das Paprika-Relish dann mit Thymian und etwas edelsüßem Paprikapulver.

preiswert **Tomaten-Relish**

(im Bild vorne)

Zutaten für 4–6 Gläser (je ca. 450 ml):
1 kg Fleischtomaten
150 g Staudensellerie
2 säuerliche Äpfel (z. B. Boskop)
1 grüne Paprikaschote
1 frische rote Chilischote
125 g brauner Zucker
75 ml Weinessig
1 EL Senfkörner
Salz
1/2 TL Zimtpulver
1/4 TL gemahlene Gewürznelken

Zubereitungszeit: ca. 2 Std.
Haltbarkeit: ca. 6 Monate
Bei 6 Gläsern pro Glas: ca. 120 kcal

1 Die Gläser vorbereiten (Seite 4). Die Tomaten überbrühen, häuten und grob hacken, dabei die Stielansätze entfernen. Den Sellerie putzen, waschen und in feine Scheibchen schneiden.

2 Die Äpfel schälen und vierteln, dabei die Kerngehäuse entfernen. Die Paprika waschen, halbieren und putzen. Die Äpfel und die Paprika klein würfeln. Die Chili waschen, putzen und sehr fein hacken. Tomaten, Sellerie, Äpfel, Paprika und Chili in einen großen, breiten Topf geben.

3 Zucker, Weinessig, Senfkörner, 1 EL Salz, Zimt und Nelken untermischen. Alles aufkochen und bei schwacher Hitze in ca. 1 Std. dick einkochen lassen. Dabei gelegentlich umrühren. Das fertige Relish in die Gläser füllen und sofort gut verschließen.

aromatisch Provenzalisches Kräuteröl

(im Bild rechts)

Zutaten für 1 Flasche (ca. 1/2 l):
1–2 Knoblauchzehen
1 Zweig getrockneter Rosmarin
3 kleine Lorbeerblätter
2 EL getrocknete Kräuter der Provence
je 1 TL weiße und schwarze Pfefferkörner
2 frische Chilischoten
400 ml Sonnenblumenöl

Zubereitungszeit: ca. 15 Min.
Ruhezeit: ca. 1 Woche
Haltbarkeit: 4–6 Monate (kühl und dunkel
    aufbewahrt, aber nicht im Kühlschrank)
Insgesamt: ca. 2430 kcal

1 Die Flasche vorbereiten (Seite 4). Den Knoblauch schälen und vierteln.

2 Den Knoblauch, die Kräuter, den Pfeffer und die Chilischoten in die Flasche geben und mit dem Öl aufgießen. Das Kräuteröl ca. 1 Woche durchziehen lassen.

3 Die Kräuter aus dem Öl nehmen. Das Öl durch ein Sieb gießen, in eine dunkle Flasche füllen und gut verschließen.

würzig Knoblauchöl

(Bildmitte)

Zutaten für 1 Flasche (ca. 600 ml):
8 Knoblauchzehen
500 ml Olivenöl

Zubereitungszeit: ca. 10 Min.
Ruhezeit: 3 Wochen
Haltbarkeit: 4–6 Monate (kühl und dunkel
    aufbewahrt, aber nicht im Kühlschrank)
Insgesamt: ca. 3030 kcal

1 Die Flasche vorbereiten (Seite 4). Den Knoblauch schälen und mit dem Öl in die Flasche geben. Mindestens 3 Wochen bei Zimmertemperatur ziehen lassen.

2 Danach ist das Öl gebrauchsfertig. Die Knoblauchzehen können im Öl weiterziehen oder herausgenommen und wie frische verwendet werden.

würzig Chiliöl

(im Bild links)

Zutaten für 1 Flasche (ca. 400 ml):
6 frische rote Chilischoten
300 ml Erdnuss- oder Sojaöl

Zubereitungszeit: ca. 15 Min.
Haltbarkeit: 4–6 Monate (kühl und dunkel
    aufbewahrt, aber nicht im Kühlschrank)
Insgesamt: ca. 1475 kcal

1 Die Flasche vorbereiten (Seite 4). Die Chilis waschen, trockentupfen, längs halbieren, entkernen und in 1 cm lange Stücke schneiden.

2 Das Öl in einem Topf schwach erhitzen (es darf keinesfalls rauchen!). Den Herd abschalten und die Chilis in dem Öl ziehen lassen, bis es abgekühlt ist. Das Öl mit den Chilis in die Flasche füllen oder das Öl durch ein Sieb gießen. Es ist sofort gebrauchsfertig.

Besonders *clever!*

*Alle drei Öle eignen sich gut für **Croûtons**. Für 4 Portionen 1 EL Öl der gewünschten Geschmacksrichtung in einer Pfanne erhitzen. 2 Scheiben Toastbrot in Würfeln dazugeben und so lange rühren, bis das Brot schön gebräunt ist. Croûtons in der Pfanne auskühlen lassen und z. B. über einen grünen Salat oder eine Suppe streuen.*

feines Mitbringsel **Kräuteressig**

(im Bild links)

Zutaten für 1 Flasche (ca. 1 1/2 l):
je 3 Zweige frischer Rosmarin,
   Thymian, Salbei, Basilikum,
   Borretsch, Estragon, Kerbel,
   Minze, Zitronenmelisse,
   Pimpinelle und Oregano
3–4 Dilldolden
1 l Weißweinessig

Zubereitungszeit: ca. 45 Min.
Ruhezeit: mind. 2 Wochen
Haltbarkeit: ca. 1 Jahr
   (bei nachlassender Würzkraft)
Insgesamt: ca 145 kcal

1 Die Flasche vorbereiten (Seite 4). Die Kräuter waschen, trockentupfen und auf einem sauberen Küchentuch ca. 30 Min. trocknen lassen.

2 Die Kräuter in die Flasche geben. Dann bis zum Rand mit Essig auffüllen. Mindestens 2 Wochen durchziehen lassen. Entnommenen Essig immer wieder nachfüllen, damit die Kräuter stets davon bedeckt sind.

gelingt leicht **Himbeeressig**

(Bildmitte)

Zutaten für 1 Flasche (ca. 1/2 l):
100 g Himbeeren
2 El Essigessenz
350 ml trockener Rosé

Zubereitungszeit: ca. 15 Min.
Reifezeit: ca. 1 Woche
Haltbarkeit: ca. 1 Jahr
   (bei nachlassender Würzkraft)
Insgesamt: ca. 285 kcal

1 Die Flasche vorbereiten (Seite 4). Die Himbeeren sorgfältig verlesen, nicht waschen.

2 Die Beeren in die Flasche geben. Essigessenz und Rosé dazugeben, die Flasche verschließen. An einem warmen Ort ca. 1 Woche durchziehen lassen. Anschließend kühl und dunkel aufbewahren.

exotisch **Reisessig**

(im Bild rechts)

Zutaten für 1 Flasche (ca. 3/4 l):
80 g frischer Ingwer
4–5 Stängel Zitronengras (Asienladen)
2 Zweige frischer Koriander
je 1 Msp. Kurkuma und
   Kreuzkümmelpulver
1/2 l heller Reisessig (Asienladen)

Zubereitungszeit: ca. 20 Min.
Ruhezeit: 1 Woche
Haltbarkeit: ca. 1 Jahr
   (bei nachlassender Würzkraft)
Insgesamt: ca. 120 kcal

1 Die Flasche vorbereiten (Seite 4). Den Ingwer schälen und in dünne Scheiben schneiden. Das Zitronengras waschen, die äußeren Blätter entfernen, den Wurzelansatz und den oberen Teil abschneiden. Den Stängel in feine Streifen schneiden.

2 Den Koriander waschen und gründlich trockenschütteln. Kurkuma in 1 EL heißem Wasser auflösen.

3 Ingwer, Zitronengras, Koriander, Kurkuma und Kreuzkümmel in die Flasche geben und mit dem Reisessig auffüllen. Verschlossen 1 Woche an einem kühlen, dunklen Ort ziehen lassen. Anschließend durch ein Sieb gießen.

Eier, Käse,
Fisch & Fleisch

Hübsch verpackt ist halb gewonnen – Deko-Ideen

Selbst gemachte Geschenke haben immer einen besonderen Reiz und kulinarische umso mehr. Nicht nur weil man sie nirgends kaufen kann, sondern auch, weil sie mit viel Liebe zubereitet und im Idealfall genau auf die kulinarischen Vorlieben einer Person zugeschnitten sind. Doppelte Begeisterung werden Sie ernten, wenn Ihre Mitbringsel auch noch hübsch verpackt sind. Wem noch Tipps und Anregungen fehlen – voilà!

Gut vorbereitet
Beginnen Sie rechtzeitig mit dem Sammeln von hübschen Gläsern und achten Sie beim Bummel durchs Kaufhaus auch auf schöne Etiketten, Bänder, Schnüre usw. So haben Sie immer einen Deko-Notvorrat zu Hause.

Klassisch verpackt
Legen Sie ein Stück Stoff oder Papier auf den Glasdeckel und schneiden es großzügig rund, sternförmig oder eckig zu. Ein schönes Band mit Schleife darum – fertig!

Schlicht und einfach schön
Originell geformte Gläser und Flaschen wirken von ganz allein. Fündig werden Sie im gut sortierten Haushaltswarengeschäft oder auch beim Flohmarktbummel. Zusätzlich dann nur ein einfaches Band darum binden.

Praktisch und individuell
Bekleben Sie das Glas mit einem hübschen Etikett, beschriftet mit Inhalt, Herstellungsdatum und Tipps zur Lagerung. Außerdem können Sie zusätzlich ein Kärtchen mit »Dazu passt ...« ans Glas hängen, auf das Sie Ihr Lieblingsrezept geschrieben haben.

Ganz persönlich
Basteln Sie als Anhänger kleine Kärtchen. Diese können Sie dann selbst illustrieren, ein kleines Foto aufkleben oder ein Gedicht mit persönlicher Widmung darauf schreiben.

Edel versiegelt
Legen Sie ein breites Band Ihrer Wahl kreuzweise um das Glas und versiegeln es mit Siegellack oder Kerzenwachs. Wer kein persönliches Siegel hat, kann eine schöne Münze oder einen ähnlichen Gegenstand eindrücken.

Kreativ oder verspielt
Bemalen oder beschreiben Sie das Glas direkt mit einem dafür geeigneten (beispielsweise gold- oder silberfarbenen) Stift oder mit Glasmalfarben. Oder basteln Sie hübsche Anhänger aus Stoff, Karton, Salzteig, Stroh oder Bast.

Dufte!
Wickeln Sie mit feinem Golddraht z. B. Zimtstangen zu einem kleinen Päckchen. Als Endstück ein Stück Sternanis auffädeln und das duftende Päckchen an das Glas hängen.

Durch die Blume
Binden Sie trockene oder frische Blumen zu einem Sträußchen und dieses dann mit Bast an das Glas. Sehr dekorativ ist auch ein Mix aus Zweigen mit roten Beeren und Tannenzweigen.

Dekoplus
Binden Sie einen kleinen Holzlöffel, eine kleine Zange oder Vorlegegabel als nützliches Zubehör ans Glas.

würzig-säuerlich Eingelegte Zitronen
(im Bild hinten)

Zutaten für 1 Glas (ca. 1 1/2 l):
6 unbehandelte Zitronen (ca. 750 g)
40 g Meersalz | 2 Zimtstangen
2 Stück Sternanis
1 Stück Muskatblüte (Macis)
1 TL grüne Pfefferkörner
einige Blätter frische Minze
einige Zweige frischer Rosmarin

Zubereitungszeit: ca. 30 Min.
Ruhezeit: 3 Wochen
Haltbarkeit: 4–6 Monate (kühl aufbewahrt)
Insgesamt: ca. 130 kcal

1 Das Glas vorbereiten (Seite 4). Die Zitronen heiß abwaschen. In einem großen Topf reichlich Wasser zum Kochen bringen. Die Zitronen darin ca. 2 Min. kochen lassen **(Step 1)**. Dann kalt abschrecken, abkühlen lassen und gründlich trockentupfen.

2 Die Zitronen dann der Länge nach über Kreuz einschneiden, aber nicht ganz durchtrennen. Die Viertel sollen an einem Ende noch zusammenhalten **(Step 2)**.

3 In einem Topf ca. 3/4 l Wasser mit dem Salz und den Gewürzen zum Kochen bringen.

4 Die Minze und den Rosmarin kalt abspülen und gut trockentupfen. Mit den Zitronen in das Glas geben, mit dem kochenden Sud übergießen, so dass die Zitronen ganz davon bedeckt sind **(Step 3)**, und sofort verschließen. Die Zitronen vor dem Öffnen mindestens 3 Wochen ziehen lassen.

Clever genießen
Diese würzig-säuerlichen Zitronen schmecken sehr gut als Beilage zu **gegrilltem Fleisch**.

macht was her Eingelegter Labaneh
(im Bild vorne)

Zutaten für 1 Glas (ca. 1 l):
1 kg griechischer Joghurt
Salz
8 Knoblauchzehen
1 Zweig frischer Oregano
3 frische rote oder grüne Chilischoten
1 Zwiebel
400 ml Olivenöl

Zubereitungszeit: 20 Min.
Ruhezeit: 10–12 Std. + 24 Std.
Haltbarkeit: ca. 1 Woche (kühl aufbewahrt)
Insgesamt: ca. 1235 kcal

1 Ein Sieb mit einem Küchentuch auslegen. Den Joghurt mit 1 TL Salz gut verrühren. Die Joghurtmasse in das Tuch geben. Das Tuch an den Enden schließen, das Sieb über eine große Schüssel hängen und 10–12 Std. stehen lassen.

2 Das Glas vorbereiten (Seite 4). Aus der Joghurtmasse 3 cm große Bällchen formen und auf ein Küchentuch legen.

3 Den ungeschälten Knoblauch leicht zerdrücken. Den Oregano waschen. Die Chilis seitlich einritzen. Die Zwiebel schälen und vierteln. Alles mit den Labanehbällchen in das Glas schichten. Mit Olivenöl bedecken. Mindestens 24 Std. ziehen lassen.

Clever genießen
Als kleine Vorspeise streichen Sie den Labaneh mit etwas **Olivenöl** auf frisches **Brot** und reichen Sie **Oliven** dazu.

Tauschbörse
Statt Oregano sorgen auch frischer **Thymian** oder **Rosmarin** für feines Aroma.

schnell **Eingelegter Schafkäse**

Zutaten für 1 Glas (je ca. 450 ml):
250 g Schafkäse
2 Knoblauchzehen
3 kleine Lorbeerblätter
1 TL schwarze Pfefferkörner
1 kleiner Zweig frischer
   Rosmarin
1 TL getrocknete Kräuter der
   Provence
ca. 350 ml Olivenöl

Zubereitungszeit: ca. 15 Min.
Ruhezeit: 4–5 Tage
Haltbarkeit: 3–4 Wochen
Insgesamt: ca. 1150 kcal

1 Das Glas vorbereiten (Seite 4). Den Schafkäse in Würfel schneiden. Den Knoblauch schälen und in feine Scheiben schneiden.

2 Den Schafkäse in das Glas geben. Den Knoblauch und die Lorbeerblätter zwischen den Käsewürfeln verteilen. Die Pfefferkörner, den Rosmarin, die Kräuter der Provence und das Olivenöl dazugeben. Das Öl sollte ca. 1 cm über dem Käse stehen. Das Glas sofort verschließen. Den Käse im Kühlschrank ca. 4–5 Tage durchziehen lassen.

Tauschbörse

Sie können auch nicht zu reifen **Camembert** oder **Ziegenkäse** in Öl einlegen. Anstelle von Olivenöl eignet sich **Sonnenblumenöl** oder **Sojaöl**.

Eingelegter Mozzarella

Zutaten für 2 Gläser (je ca. 1/2 l):
250 g Mini-Mozzarellakugeln
2 kleine junge Zucchini
2 Knoblauchzehen
2 frische rote Chilischoten
1 EL schwarze Pfefferkörner
1 EL Senfkörner
1 Stück unbehandelte Zitronenschale
je 2 Zweige frischer Thymian und Rosmarin
1 EL kleine Kapern
ca. 1/2 l Olivenöl

Zubereitungszeit: ca. 20 Min.
Ruhezeit: ca. 3 Tage
Haltbarkeit: ca. 1 Woche
Pro Glas: ca. 630 kcal

1 Die Gläser vorbereiten (Seite 4). Mozzarella kurz kalt abspülen und trockentupfen. Die Zucchini waschen, putzen und längs vierteln. Die Viertel quer in ca. 2 cm dicke Stücke schneiden.

2 Den Knoblauch schälen und in feine Scheiben schneiden. Die Chilischoten waschen, trockentupfen, putzen und in dünne Ringe schneiden. Die Pfeffer- und die Senfkörner mit einem breiten Messer zerdrücken.

3 Alle Zutaten bis auf das Öl gleichmäßig auf die Gläser verteilen. Die Gläser mit so viel Öl auffüllen, dass alles völlig davon bedeckt ist. Die Gläser gut verschließen und den Mozzarella vor dem Verzehren an einem dunklen und kühlen Ort (nicht unbedingt im Kühlschrank, da kann das Olivenöl trübe werden) ca. 3 Tage durchziehen lassen.

Clever genießen
Der eingelegte Mozzarella schmeckt zu **Pellkartoffeln** oder **Fladenbrot**. Das Öl lässt sich anschließend gut für **Salatsaucen** oder **Fleischmarinaden** verwenden.

würzig **Eier im Kapernsud**

(im Bild hinten)

Zutaten für 1 Glas (ca. 1 l):
1 Bund Zitronenmelisse
2 Lorbeerblätter
1 unbehandelte Zitrone
1 Stück frischer Meerrettich (ca. 2 cm)
50 g Kapern
1 EL Senfkörner
1/4 l Obstessig
Salz
2 EL Honig
10 hart gekochte Eier

Zubereitungszeit: ca. 30 Min.
Ruhezeit: mind. 2 Tage
Haltbarkeit: ca. 10 Tage
Pro Ei: ca. 90 kcal

1 Das Glas vorbereiten (Seite 4). Die Kräuter waschen. Die Zitrone heiß waschen, abtrocknen und die Schale spiralförmig ohne die weiße Innenhaut abschneiden. Eine Hälfte der Zitrone vollkommen schälen und in kleine Stücke schneiden. Dabei von den Kernen befreien. Den Meerrettich schälen, waschen und in Scheiben schneiden.

2 Die Kräuter, die Zitronenschale und die Zitronenstücke mit dem Meerrettich, den Kapern, den Senfkörnern, dem Essig, etwas Salz und dem Honig in einem Topf mischen. Ca. 300 ml Wasser angießen und alles zum Kochen bringen.

3 Die Eier pellen und in das vorbereitete Glas geben. Den heißen Sud darüber gießen, so dass die Eier ganz davon bedeckt sind. Den Sud erkalten lassen, dann das Glas verschließen. Mindestens 2 Tage durchziehen lassen.

schnell **Kräuterschmalz**

(im Bild vorne)

Zutaten für 2 Gläser (je ca. 300 ml):
1 kleine Zwiebel
1 Zweig frischer Rosmarin
  (ersatzweise 1 TL getrockneter)
je 1 Bund Petersilie und Schnittlauch
500 g Schweineschmalz
Salz
schwarzer Pfeffer

Zubereitungszeit: ca. 20 Min.
Haltbarkeit: ca. 2 Wochen
  (kühl und dunkel aufbewahrt)
Pro Glas: ca. 2250 kcal

1 Die Gläser vorbereiten (Seite 4). Die Zwiebel fein hacken. Den Rosmarin waschen, trockenschütteln und die Nadeln von den Stielen zupfen. Die Petersilie und den Schnittlauch waschen und trockenschütteln. Die Petersilie und den Rosmarin fein hacken, den Schnittlauch in Röllchen schneiden.

2 Die Zwiebelwürfel in 2 EL Schweineschmalz glasig braten. Die Kräuter ganz kurz mitbraten, dann die Masse auskühlen lassen.

3 Das restliche Schweineschmalz cremig rühren. Die ausgekühlte Zwiebel-Kräuter-Mischung untermengen. Das Kräuterschmalz mit Salz und Pfeffer pikant abschmecken, in die Gläser füllen.

Tauschbörse
Statt Zwiebel, Petersilie und Schnittlauch 1 dickes Bund **Kräuter der Provence** sowie 2–3 **Knoblauchzehen** fein hacken, ganz kurz mitbraten und dann unter das Schmalz rühren.

gelingt leicht **Eingelegter Tunfisch**

Zutaten für 3 Gläser (je ca. 450 ml):
1/2 l Weißweinessig
1/2 Zimtstange
1 Stück Muskatblüte (Macis)
1 TL weiße Pfefferkörner
1 TL Gewürznelken
1 getrocknete Chilischote
2 EL Zucker / Salz
1 kg frischer roter Tunfisch
4 EL Sonnenblumenöl

Zubereitungszeit: ca. 1 Std.
Ruhezeit: 24 Std.
Haltbarkeit: 3–4 Wochen
   (im Kühlschrank aufbewahrt)
Pro Glas: ca. 720 kcal

1 Die Gläser vorbereiten (Seite 4). Den Essig
mit 1/4 l Wasser und den Gewürzen sowie dem
Zucker und etwas Salz zum Kochen bringen.
Die Mischung ca. 15 Min. leise kochen lassen.

2 Den Tunfisch waschen, abtrocknen, von der
dicken Mittelgräte und Haut befreien und in ca.
1 cm große Würfel schneiden. Den Fisch in dem
Öl portionsweise bei starker Hitze rundum ca.
2 Min. anbraten. Herausnehmen, in den Essigsud geben, einmal aufkochen, vom Herd ziehen
und im heißen Sud ca. 10 Min. ziehen lassen.

3 Mischung in die Gläser füllen, verschließen
und mindestens 24 Std. ziehen lassen.

Variante

Gut schmeckt der Fisch auch, wenn Sie ihn im
Sud erkalten lassen, dann abgetropft in vorbe-
reitete Gläser (Seite 4) füllen und mit gutem
Sonnenblumenöl (pro Glas ca. 200 ml) auffüllen.

fernöstlich **Makrelen in Sojasud**

Zutaten für 4 Gläser (je ca. 450 ml):
4 ausgelöste Makrelenfilets
 mit Haut (ca. 1 kg)
Salz
weißer Pfeffer
1 Stück frischer Ingwer (ca. 3 cm)
2 Knoblauchzehen
1 Bund Frühlingszwiebeln
1/2 Bund frischer Koriander
2–3 frische rote Chilischoten
1/4 l Reisessig (Asienladen)
8 EL Sojasauce
1–2 EL Erdnussöl

Zubereitungszeit: ca. 40 Min.
Haltbarkeit: ca. 2 Wochen
Pro Glas: ca. 500 kcal

1 Die Gläser vorbereiten (Seite 4). Die Makrelenfilets waschen, abtrocknen, salzen und pfeffern.

2 Den Ingwer und den Knoblauch schälen und in feine Scheiben schneiden. Die Frühlingszwiebeln putzen und in feine Ringe schneiden. Den Koriander waschen und mit den Stielen fein hacken. Die Chilis waschen, putzen und in feine Ringe schneiden.

3 Essig, Sojasauce und 1/4 l Wasser mischen. Mit dem Ingwer, dem Knoblauch, den Chilischoten und den Frühlingszwiebeln ca. 10 Min. leise kochen lassen.

4 Das Öl in einer Pfanne erhitzen. Die Makrelen darin bei mittlerer Hitze pro Seite ca. 2 Min. braten. Herausnehmen und beiseite stellen.

5 Den Essigsud vom Herd nehmen, die Fische hineinlegen und ca. 10 Min. darin ziehen lassen. Fische und Sud dann in die Gläser füllen. Die Gläser verschließen.

Lachsrillettes

macht was her

(im Bild vorne)

Zutaten für 2 Gläser (je ca. 450 ml):
300 g frisches Lachsfilet
200 g weiche Butter
4 EL Weißweinessig
300 g Räucherlachs
1 1/2 EL Kapern (aus dem Glas)
1 Bund Dill
1/2 unbehandelte Zitrone
weißer Pfeffer
Salz (nach Belieben)

Zubereitungszeit: ca. 1 Std.
Haltbarkeit: ca. 2 Wochen (kühl aufbewahrt)
Pro Glas: ca. 1495 kcal

1 Die Gläser vorbereiten (Seite 4). Den frischen Lachs waschen, abtrocknen, sehr fein zerkleinern, eventuell vorhandene Gräten mit einer Pinzette entfernen. Den Lachs in 1 EL Butter anbraten, dann den Essig dazugeben und den Fisch ca. 10 Min. leise kochen lassen, bis er zerfällt.

2 Inzwischen den Räucherlachs sehr fein hacken. Die Kapern fein zerdrücken. Den Dill waschen und fein hacken. Zitronenhälfte heiß waschen, abtrocknen. Schale dünn abschneiden und fein hacken, den Saft auspressen.

3 Gegarten Lachs etwas abkühlen lassen, dann mit dem Räucherlachs und 150 g Butter verkneten. Kapern, Dill und Zitronenschale untermischen. Die Masse mit Pfeffer, etwas Zitronensaft und eventuell Salz abschmecken.

4 Rillettes in die Gläser füllen und glatt streichen. Die übrige Butter zerlassen, aber nicht bräunen. Auf den Rillettes verteilen und fest werden lassen. Die Gläser dann verschließen.

Forelle und Gemüse in Weißweinessig

gut vorzubereiten

(im Bild hinten)

Zutaten für 1 große, flache Form (ca. 2 l):
4 küchenfertige Forellen (je 250 g)
Salz | Pfeffer | 1 EL Mehl
10 EL Sonnenblumenöl | 2 Zwiebeln | 1 Möhre
1 Stange Lauch | 1 Knoblauchzehe
je 2 Zweige frischer Rosmarin und Thymian
1/4 l Weißweinessig
1/4 l trockener Weißwein
   (ersatzweise Gemüsebrühe)
1/4 l Gemüsebrühe | 8 Pimentkörner
10 weiße Pfefferkörner
1 Prise Zucker | 1 Bund Dill

Zubereitungszeit: ca. 40 Min.
Ruhezeit: 3 Tage
Haltbarkeit: 3–4 Tage
   (im Kühlschrank aufbewahrt)
Insgesamt: ca. 1940 kcal

1 Die Fische waschen, abtrocknen. Innen und außen salzen und pfeffern, mit Mehl bestäuben. In 8 EL Öl auf jeder Seite 5 Min. braten. Die Fische in eine Form oder passende flache Schüssel legen. Abkühlen lassen.

2 Zwiebeln schälen und würfeln. Möhre schälen und in Scheiben schneiden. Lauch putzen, waschen, in feine Streifen schneiden. Knoblauch schälen. Rosmarin und Thymian waschen. Zwiebeln und Gemüse im restlichen Öl kurz anbraten. Mit Essig, Wein und Brühe ablöschen. Knoblauch, Piment- und Pfefferkörner, Rosmarin, Thymian, Salz und Zucker dazugeben. Sud einmal aufkochen lassen, 5 Min. bei geringer Hitze ziehen lassen.

3 Die Fische mit dem lauwarmen Sud bedecken. Zugedeckt im Kühlschrank 3 Tage ziehen lassen. Dill waschen und klein schneiden. Die Forellen vor dem Servieren mit Dill bestreuen.

preiswert **Eingelegte Bratheringe**

Zutaten für 1 hohes Glas (ca. 1 l):
8 küchenfertige kleine grüne Heringe
4 EL Zitronensaft | 2 Zwiebeln | 1/4 l Essig
Salz | 1 1/2 TL Pfefferkörner | 1 Lorbeerblatt
200 g Zucker | 6 EL Mehl | 4 EL Öl

Zubereitungszeit: ca. 40 Min.
Ruhezeit: 24 Std.
Haltbarkeit: ca. 5 Tage
   (im Kühlschrank aufbewahrt)
Insgesamt: ca. 2290 kcal

1 Das Glas vorbereiten (Seite 4). Die Heringe waschen, abtrocknen, mit dem Zitronensaft beträufeln und 10 Min. ziehen lassen. Die Zwiebeln schälen und in Ringe schneiden.

2 375 ml Wasser mit dem Essig, 1 TL Salz, den Pfefferkörnern, dem Lorbeerblatt, dem Zucker und den Zwiebelringen in einem Topf zum Kochen bringen und kochen lassen, bis sich der Zucker völlig gelöst hat. Dann weitere 375 ml Wasser dazugießen und den Sud abkühlen lassen.

3 Das Mehl mit 1/2 TL Salz mischen. Die Heringe darin wenden. Das Öl in einer großen beschichteten Pfanne erhitzen und die Heringe darin von jeder Seite 5 Min. braten.

4 Die Heringe in das Glas stellen, mit der Marinade begießen und das Glas sofort verschließen. Zugedeckt an einem kühlen Ort 24 Std. durchziehen lassen.

Clever genießen
Dazu schmecken **Bratkartoffeln** und eine **Möhren-Apfel-Rohkost**.

gelingt leicht **Matjes-Dillhappen**

Zutaten für 1 Glas (ca. 1 l):
8 küchenfertige Matjesfilets
1/4 l Essig | 1/4 l Weißwein
200 g Zucker
2 Lorbeerblätter
1 große Zwiebel
2 Bund Dill

Zubereitungszeit: ca. 30 Min.
Ruhezeit: 24 Std.
Haltbarkeit: 3–4 Tage
   (im Kühlschrank aufbewahrt)
Pro Glas: ca. 2060 kcal

1 Das Glas vorbereiten (Seite 4). Die Matjesfilets waschen, abtrocknen und in Stücke
schneiden.

2 Den Essig, den Wein und den Zucker in einen
Topf geben, die Lorbeerblätter hinzufügen und
alles kochen lassen, bis sich der Zucker aufgelöst hat. Den Sud dann abkühlen lassen.

3 Die Zwiebel schälen und in Ringe schneiden.
Den Dill waschen, trockenschütteln und fein
schneiden.

4 Die Matjesstücke, die Zwiebelringe und den
Dill in das Glas schichten, mit dem kalten Sud
begießen und mindestens 24 Std. zugedeckt an
einem kühlen Ort durchziehen lassen.

Variante
Sie können die Matjesstücke auch mit einem
Rotweinsud begießen: Dafür 1 TL Senfkörner
und 1 TL rosa Pfefferkörner in einen Topf geben.
4 Pimentkörner, 1 Lorbeerblatt, 1 EL Honig,
150 ml trockenen Rotwein und 100 ml Rotweinessig dazugeben. Alles aufkochen und
bei schwacher Hitze ca. 20 Min. leise kochen
lassen. Den Sud ca. 10 Min. abkühlen lassen
und über die Matjesstücke gießen. Wie oben
beschrieben durchziehen lassen.

Geflügelleber-Pâté

Zutaten für 1 Keramik-Pastetenform (ca. 600 ml):
10 g getrocknete Steinpilze
2 Schalotten
2 EL ungesalzene Pistazienkerne
400 g Geflügelleber
   (von Gänsen, Enten oder Puten)
200 g weiche Butter
Salz
Pfeffer
5 EL Portwein oder Sherry
2 EL Cognac oder Weinbrand
Saft von ca. 1/2 Zitrone
3 Blatt weiße Gelatine
150 ml klare Brühe
1–2 dünne Scheiben von
   1 unbehandelten Zitrone
Petersilienblättchen zum Garnieren

Zubereitungszeit: ca. 1 Std. 30 Min.
Haltbarkeit: 5–7 Tage
   (zugedeckt im Kühlschrank aufbewahrt)
Insgesamt: ca. 2680 kcal

1 Die Steinpilze in 175 ml warmem Wasser einweichen. Die Schalotten schälen und sehr fein würfeln. Die Pistazien grob hacken.

2 Von den Lebern Häutchen und Fett entfernen. Die Lebern in grobe Stücke schneiden. In einer Pfanne 1 EL Butter erhitzen, die Schalotten darin unter Rühren goldgelb andünsten. Dann herausnehmen.

3 Weitere 2 EL Butter in die Pfanne geben und erhitzen. Die Leberstücke darin bei starker Hitze ca. 5 Min. braten. Aus dem Fett heben, in eine Schüssel füllen und mit Salz und Pfeffer würzen. Zugedeckt ca. 10 Min. kalt stellen.

4 Inzwischen die Steinpilze samt dem Einweichwasser in den Bratfond geben und bei starker Hitze 4–5 Min. kochen lassen. Die Pilze in ein Sieb schütten, den Fond auffangen.

5 Die Leberstücke, die Schalotten und den Pilzfond mit dem Pürierstab oder im elektrischen Mixer fein pürieren. Die Leberfarce abgedeckt kurz kalt stellen.

6 Inzwischen die Steinpilze fein hacken. Die restliche Butter schaumig schlagen. Beides mit der Leberfarce und den Pistazien gründlich vermischen. Mit Salz, Pfeffer, 2–3 EL Portwein oder Sherry, dem Cognac oder Weinbrand und etwas Zitronensaft abschmecken.

7 Die Masse in eine Keramikform mit Deckel füllen, glatt streichen und zugedeckt kalt stellen.

8 Die Gelatine in kaltem Wasser ca. 5 Min. einweichen. Die Brühe erhitzen. Sie darf aber nicht kochen. Die Gelatine ausdrücken **(Step 1)** und unter Rühren in der heißen Brühe auflösen **(Step 2)**. Mit Salz, Pfeffer, dem restlichen Portwein oder Sherry und Zitronensaft kräftig abschmecken. Eine dünne Schicht Gelatinemischung auf die Pâté gießen **(Step 3)**. Im Kühlschrank fest werden lassen.

9 Die Oberfläche der Pâté mit halbierten Zitronenscheiben und Petersilienblättchen dekorativ verzieren. Darüber wieder einen dünnen Geleefilm ziehen, die Garnitur soll gerade davon bedeckt sein. Im Kühlschrank fest werden lassen.

Stylingtipp
Die Geflügelleber-Pâté können Sie statt in einer großen Form auch in vier oder fünf **kleineren Förmchen** zubereiten. So lässt sich die feine Pastete auch an Freunde verschenken.

Klassiker **Leberwurst**

(im Bild vorne)

Zutaten für 6–8 Gläser (je ca. 1/4 l):
250 g mageres Kalbfleisch
Salz | weißer Pfeffer | 20 g Butterschmalz
200 g fetter geräucherter Speck
300 g Schalotten | 1 Bund Petersilie
750 g Kalbsleber | 250 g Sahne
je 5 Zweige Majoran und Basilikum

Zubereitungszeit: ca. 1 Std.
Garzeit: ca. 45 Min.
Haltbarkeit: ca. 2 Wochen
Bei 8 Gläsern pro Glas: ca. 435 kcal

1 Die Gläser vorbereiten (Seite 4). Kalbfleisch waschen, trockentupfen und mit Salz und Pfeffer einreiben. Fleisch im Butterschmalz rundherum 15 Min. kräftig anbraten. Dann im Bratfett erkalten lassen. Inzwischen Speck fein würfeln und in einer Pfanne auslassen. Schalotten schälen, die Petersilie waschen und trockenschütteln. Beides hacken und in dem Speckfett unter Rühren so lange braten, bis die Schalotten glasig sind.

2 Kalbsleber waschen, trockentupfen und falls nötig putzen. 100 g Leber beiseite legen. Übrige Leber mit dem Kalbfleisch durch den Fleischwolf (feine Scheibe) drehen. Backofen auf 200° vorheizen.

3 Sahne bei starker Hitze unter Rühren um die Hälfte einkochen lassen. Inzwischen Majoran und Basilikum waschen und trockenschütteln, Blättchen grob hacken. Übrige Leber in ca. 1 cm große Würfel schneiden. Alle vorbereiteten Zutaten mischen und mit Salz und Pfeffer würzen.

4 Die Masse in die Gläser verteilen. Die Gläser verschließen und in die Fettpfanne des Backofens stellen, diese mit heißem Wasser auffüllen.

5 Pfanne in den Ofen (Mitte, Umluft 180°) schieben, Leberwurst 45 Min. einkochen (Seite 4). Gläser aus dem Wasserbad nehmen, erkalten lassen. Im Kühlschrank aufbewahren.

Spezialität aus Frankreich **Entenconfit**

(im Bild hinten)

Zutaten für 1 Terrinenform (ca. 3/4 l):
3 Entenkeulen (900 g) | 3 EL grobes Meersalz
1 Zweig frischer Thymian | 2 Lorbeerblätter
375 g Gänseschmalz oder Schweineschmalz
3 Knoblauchzehen

Zubereitungszeit: ca. 1 Std. 50 Min.
Ruhezeit: 12 Std. + 30 Min.
Haltbarkeit: ca. 3 Monate
  (im Kühlschrank aufbewahrt)
Insgesamt: ca. 4840 kcal

1 Entenkeulen waschen, abtrocknen. Salz in einen Teller schütten. Thymianblättchen abzupfen, Lorbeerblätter im Mörser zerkleinern. Beides unter das Salz mischen. Die Entenkeulen kräftig mit der Salzmischung einreiben. Zugedeckt 12 Std. kühl stellen.

2 Schmalz in einem Topf, in dem die Entenkeulen gerade Platz haben, zerlassen. Keulen mit Küchenpapier abreiben und mit der Hautseite nach unten bei mittlerer Hitze ca. 7 Min. anbraten. Keulen wenden, Hitze reduzieren. Nach 5 Min. abdecken und gut 35 Min. sanft schmoren lassen, dabei gelegentlich wenden. Dann den Knoblauch ungeschält dazugeben und alles noch 15 Min. weiterschmoren.

3 Topf vom Herd nehmen und Keulen im Fett 30 Min. ziehen lassen. Dann das Fleisch von den Knochen lösen und in die Terrinenform drücken. Fett nochmals erhitzen, Knoblauch herausfischen. Fett über das Fleisch gießen. Sobald es fest wird, noch herausragende Fleischteile unter die Oberfläche drücken.

122

Klassiker # Schweinerillettes

Zutaten für 4 Gläser (je ca. 450 ml):
2 kg roher Schweinebauch
1 säuerlicher Apfel
2 Zwiebeln
Salz
schwarzer Pfeffer
4–5 Lorbeerblätter
2 Zweige Liebstöckel
125 g Gänseschmalz

Zubereitungszeit: ca. 1 Std.
Garzeit: 5–6 Std.
Haltbarkeit: ca. 2 Monate, nach Anbruch der
   Gläser 10 Tage (im Kühlschrank aufbewahrt)
Pro Glas: ca. 1480 kcal

1 Die Gläser vorbereiten (Seite 4). Den Schweinebauch von der Schwarte befreien **(Step 1)** und das Fleisch in ca. 1 cm große Würfel schneiden. Den Apfel schälen und vierteln, dabei das Kerngehäuse entfernen. Die Zwiebeln schälen.

2 Den Schweinebauch in einen großen Schmortopf geben. 1 EL Salz, Pfeffer, die zerbrochenen Lorbeerblätter, den Liebstöckel, den Apfel und die Zwiebeln untermischen. Das Gänseschmalz in Stücken darauf verteilen.

3 Alles bei schwacher Hitze zugedeckt 5–6 Std. garen, bis das Fleisch ganz weich ist. Dabei gelegentlich durchrühren.

4 Ein Sieb auf eine große Schüssel setzen, die Mischung hineinschütten. Das Fleisch herausnehmen und gründlich zerpflücken **(Step 2)**; je feiner, desto besser werden die Rillettes.

5 Das Fleisch wieder in den Schmortopf geben. Vom abgetropften Fett ca. vier Schöpflöffel abnehmen und beiseite stellen.

6 Vom restlichen Fett ca. 300 ml unter das zerpflückte Fleisch mischen. Die Masse noch einmal erhitzen und unter ständigem Rühren bei mittlerer Hitze weitere 15 Min. garen.

7 Die Masse in die Gläser füllen, dabei gründlich hineindrücken, damit keine Luftlöcher entstehen. Jeweils ca. 1 cm hoch vom beiseite gestellten Fett auf den Rillettes verteilen **(Step 3)** und fest werden lassen.

8 Die Gläser verschließen und im Kühlschrank lagern. Sobald sie angebrochen sind, lassen sich die Rillettes nur noch ca. 10 Tage lagern.

Besonders clever!

*Schweinerillettes mit dunklem Bauernbrot oder Pumpernickel servieren. Im Winter passt dazu ein **Friséesalat mit Chicorée und Orangenfilets**. Für 4 Portionen 1 kleinen Friséesalat und 1 Chicoréestaude waschen und putzen. Salatblätter kleiner zupfen und trockenschleudern. Chicorée quer in Streifen schneiden. 1 Orange wie einen Apfel schälen. Filets ohne die Haut herausschneiden, dabei den Saft auffangen. Salat, Chicorée und Orangenfilets auf einer Platte anrichten. Orangensaft mit 1 EL Aceto balsamico, 1 TL flüssigem Honig, Salz und Pfeffer verrühren, dann 3–4 EL Olivenöl unterrühren. Dressing über den Salat träufeln.*

Impressum

Die Autorinnen

Cornelia Adam
Adelheid Beyreder
Dagmar v. Cramm
Tanja Dusy
Annette Heisch
Veronika Müller
Erni Sandtner
Cornelia Schinharl
Marlisa Szwillus

Der Fotograf

Michael Brauner arbeitete nach Abschluss der Fotoschule in Berlin als Fotoassistent bei namhaften Fotografen in Frankreich und Deutschland und machte sich 1984 selbstständig. Sein individueller, atmosphärenreicher Stil wird überall geschätzt: in der Werbung ebenso wie in vielen bekannten Verlagen. In seinem Karlsruher Studio setzt er Rezepte zahlreicher GU-Titel stimmungsvoll ins Bild.

Hinweis

Die Temperaturstufen bei Gasherden variieren von Hersteller zu Hersteller. Welche Stufe Ihres Herdes der jeweils angegebenen Temperatur entspricht, entnehmen Sie bitte der Gebrauchsanweisung.

Redaktionsleitung:
Birgit Rademacker
Konzept, Texte und Redaktion:
Alessandra Redies
Redaktionsassistenz:
Nicole Biermann
Lektorat:
Susanne Bodensteiner
Korrektorat:
Stefanie Doll
Versuchsküche:
Eva Fischer
Layout »Einfach clever«, Typographie und Umschlaggestaltung:
Thomas Jankovic, GF von engels verlagsbüro in München, Gestalter erfolgreicher Buchserien mit besonderem Gusto auf alles, was Genießern Spaß macht – wie dieses Einmachbuch
Satz:
Knipping Werbung GmbH, München
Herstellung:
Petra Roth
Reproduktion:
Penta Repro, München
Druck und Bindung:
Kaufmann, Lahr

ISBN 3-7742-5728-0

Auflage	5.	4.	3.	2.
Jahr	2007	06	05	04	03

GRÄFE UND UNZER

Ein Unternehmen der
GANSKE VERLAGSGRUPPE

Das Original mit Garantie

IHRE MEINUNG IST UNS WICHTIG. Deshalb möchten wir Ihre Kritik, gerne aber auch Ihr Lob erfahren, um als führender Ratgeberverlag für Sie noch besser zu werden. Darum: Schreiben Sie uns! Wir freuen uns auf Ihre Post und wünschen Ihnen viel Spaß mit Ihrem GU-Ratgeber.

UNSERE GARANTIE: Sollte ein GU-Ratgeber einmal einen Fehler enthalten, schicken Sie uns bitte das Buch mit einem kleinen Hinweis und der Quittung innerhalb von sechs Monaten nach dem Kauf zurück. Wir tauschen Ihnen den GU-Ratgeber gegen einen anderen zum gleichen oder einem ähnlichen Thema um.

Ihr Gräfe und Unzer Verlag
Redaktion Kochen
Postfach 86 03 25
81630 München
Fax: 089/41981-113
e-mail: leserservice@
graefe-und-unzer.de

Danke!

Wir danken dem Unternehmen **Nordzucker AG**, Verbraucherservice »Süße Küche«, für die Bereitstellung des Gelierzuckers auf Seite 22.